Escrita e imagem
ensaios

Escrita e imagem
ensaios

seleção e organização
Júlio Castañon Guimarães
Márcia Arbex-Enrico

Anne-Marie Christin

/re.li.cá.rio/

© Relicário Edições
© Anne-Marie Christin

Dados Internacionais de Catalogação na Publicação (CIP) de acordo com ISBD

C555e

Christin, Anne-Marie

Escrita e imagem: ensaios / Anne-Marie Christin; organização por Júlio Castañon Guimarães, Márcia Arbex-Enrico. – Belo Horizonte: Relicário, 2023.

172 p. ; il. ; 14 x 21 cm.

ISBN 978-65-89889-75-5

1. Literatura – História e crítica. 2. Imagem. 3. Escrita. 4. Semiótica e literatura. I. Guimarães, Júlio Castañon. II. Arbex-Enrico, Márcia. III. Título.

Elaborado pelo Bibliotecário Tiago Carneiro – CRB-6/3279

CONSELHO EDITORIAL

Eduardo Horta Nassif Veras (UFTM) Ernani Chaves (UFPA) Guilherme Paoliello (UFOP) Gustavo Silveira Ribeiro (UFMG) Luiz Rohden (UNISINOS) Marco Aurélio Werle (USP) Markus Schäffauer (Universität Hamburg) Patrícia Lavelle (PUC-RIO) Pedro Süssekind (UFF) Ricardo Barbosa (UERJ) Romero Freitas (UFOP) Virginia Figueiredo (UFMG)

COORDENAÇÃO EDITORIAL Maíra Nassif Passos
EDITOR-ASSISTENTE Thiago Landi
PROJETO GRÁFICO & CAPA Ana C. Bahia
DIAGRAMAÇÃO Cumbuca Studio
PREPARAÇÃO Lucas Morais
REVISÃO Thiago Landi

Apoio: Pós-Lit/CAPES/PROEX

RELICÁRIO EDIÇÕES
Rua Machado, 155, casa 1, Colégio Batista | Belo Horizonte, MG, 31110-080
relicarioedicoes.com | contato@relicarioedicoes.com

7 Apresentação

13 A imagem informada pela escrita

55 O signo em questão

73 A escrita segundo Magritte

91 Da imagem à escrita

115 A imagem e a letra

131 Pensamento escrito e comunicação visual

145 Escrita e iconicidade

163 Sobre a autora

165 Sobre os organizadores e tradutores

167 Nota sobre a proveniência dos textos

Apresentação

Escrita e imagem: é com este título que reunimos neste volume ensaios de Anne-Marie Christin, que, a partir de pesquisa rigorosa e inédita, de enfoque transdisciplinar – apoiada na antropologia da escrita, na semiologia da imagem, na história da arte –, lançou uma nova luz sobre a literatura. Trata-se de uma seleção de sete textos traduzidos do francês para o português, reunidos pela primeira vez com o objetivo de divulgar o pensamento da pesquisadora junto ao público de língua portuguesa. Anne-Marie Christin oferece uma abordagem bastante original e produtiva, a partir de sua concepção da "escrita", das relações entre a escrita e a imagem, a literatura e a arte, apoiada em postulados como a iconicidade, o intervalo ou o branco intercalar, o "pensamento da tela" ou suporte, a materialidade da letra – o que revela toda a sua pertinência no contexto contemporâneo de reflexão sobre os usos da escrita no universo impresso ou digital. Os ensaios foram selecionados, portanto, com o objetivo de dar uma amostra significativa dos principais eixos de sua reflexão teórica, que abre perspectivas para o estudo das condições materiais da comunicação literária, da materialidade do suporte em relação à obra e, consequentemente, entre a obra, o autor e o leitor.

Anne-Marie Christin (1942-2014) começou sua carreira docente na Université Paris 7 em 1970, onde se tornou professora emérita; fundou e dirigiu, desde 1982, o Centre d'étude de l'écriture, que se tornou, desde 1996, o Centre d'étude de l'écriture et de l'image – CEEI. Suas pesquisas se iniciaram com o tema das relações entre literatura e pintura, em especial sobre Eugène Fromentin, objeto de sua tese de doutorado. Desenvolveu em seguida as relações entre figura e suporte em perspectiva comparatista entre o Ocidente e o Oriente, da arte pré-histórica à pintura chinesa, passando pela ilustração e pela tipografia. O estudo dos diferentes sistemas de escrita e o confronto entre o alfabeto e o ideograma levaram a pesquisadora a explorar a história e a teoria da escrita, como se observa nas diversas produções dedicadas a esses temas, de *L'Image écrite ou la déraison graphique* (1995, reeditada em 2001 e 2009) à publicação póstuma do livro *Paravents japonais – sous la brèche des nuages* (2021).[1] É, portanto, em torno desses dois termos – *escrita* e *imagem* – que se constitui a principal questão teórica de Anne-Marie Christin, essenciais para a compreensão não apenas do fenômeno que envolve a escrita e a imagem, mas também a literatura e as artes, ou mesmo as mídias, campos do saber de onde ela extrai matéria e exemplos para sua reflexão, pois colocam de imediato, como pressuposto, a iconicidade da escrita e a materialidade do objeto escrito.

Seus trabalhos têm grande repercussão na Ásia – particularmente no Japão –, na América do Norte e do Sul, especialmente no Brasil, onde a pesquisadora esteve em mais de uma ocasião. A primeira vez se deu em 2000, quando fez a conferência "De l'image à l'écriture" na Fundação Casa de Rui

---

1 Uma bibliografia sumária de Anne-Marie Christin encontra-se no final deste volume, e a lista completa das referências está disponível na página do Centre d'étude de l'écriture et de l'image – CEEI: https://ceei.hypotheses.org/bibliographie-danne-marie-christin.

Apresentação

Barbosa – FCRB, no âmbito do seminário "A historiografia literária e as técnicas de escrita – do manuscrito ao hipertexto", organizado por Flora Süssekind e Tânia Dias (pesquisadoras do Setor de Filologia da instituição), com a participação de numerosos professores e pesquisadores do Brasil e do exterior. Desse seminário resultou a publicação de um volume com o mesmo título, no qual foi publicada a sua conferência, "Da imagem à escrita", um dos textos do presente volume. Em 2009, Anne-Marie Christin realizou na FCRB, a convite do Setor de Filologia, o ciclo de palestras "Imagem e escrita: retorno aos ideogramas", composto das aulas "Da ilustração como transgressão", "A figura segundo Manet ou a imagem reinventada" e "As lições do branco: da arte da memória ao *Lance de dados* de Mallarmé". Nessa segunda vinda ao Brasil, a pesquisadora foi também a Belo Horizonte, onde apresentou a palestra "Da ilustração como transgressão" na Faculdade de Letras da Universidade Federal de Minas Gerais, com o apoio do Instituto de Estudos Avançados Transdisciplinares da Instituição – IEAT, do Programa de Pós-Graduação em Letras: Estudos Literários – Pós-lit e do Grupo de Pesquisa Intermídia. Em 2012, veio ainda uma terceira e última vez, apresentando a palestra "A invenção da figura" no Rio de Janeiro, na FCRB, e em Belo Horizonte, na Faculdade de Letras da UFMG.

Os textos reunidos neste volume foram inicialmente traduzidos para diferentes publicações, ou seja, sua tradução não foi planejada como conjunto. São eles: "O signo em questão", "Da imagem à escrita",[2] "A imagem e a letra" e

---

[2] O texto "Da imagem à escrita" não foi publicado em francês tal como Anne-Marie Christin o apresentou em 2000. As questões nele tratadas foram desenvolvidas em outros de seus textos. Portanto, o texto por ela publicado em francês sob o título "De l'image à l'écriture" não corresponde ao apresentado em 2000.

9

"Escrita e iconicidade", traduzidos para o português por Júlio Castañon Guimarães; "A imagem informada pela escrita" e "A escrita segundo Magritte", traduzidos por Márcia Arbex-Enrico, sendo o último em parceria com Maria Suely Lage Alves de Brito. Por fim, o ensaio "Pensamento escrito e comunicação visual" teve tradução de Fabricio Vaz Nunes. Optamos por apresentá-los nesta coletânea de acordo com a data da primeira publicação de cada texto original.

A eventual repetição de questões, dados ou formulações entre os vários textos de Anne-Marie Christin encontra explicação em seu procedimento de trabalho. Em depoimento da autora, ela observou que, na produção de seus textos, tinha o hábito de retornar a trabalhos anteriores, recuperando elementos que receberiam novo desenvolvimento no trabalho em andamento. Assim, a repetição não é apenas circunstancial, mas faz parte de um método de trabalho.

A tradução dos trabalhos de Anne-Marie Christin encontra algumas dificuldades em sua realização. Por vezes, a dificuldade está na própria compreensão de um texto complexo e carregado de informações de várias naturezas e proveniências. Outras vezes, a dificuldade pode estar na tradução de uma palavra aparentemente simples, como *écran* [tela], empregada, por exemplo, na expressão/noção *pensée de l'écran* [pensamento da tela]. Isto porque *écran* de fato se traduz por "tela", palavra que, porém, tem em português uma gama de significados os quais o francês não comporta – tela para pintura, tela do cinema, tela da televisão, tipo de tecido.

Esta publicação vem, portanto, não apenas consolidar uma parceria internacional profícua e de longa duração entre os organizadores desta coletânea e suas instituições com os pesquisadores do CEEI em torno de uma mesma problemática.

Apresentação

Visa ainda a divulgar o pensamento da pesquisadora junto ao público de língua portuguesa, em particular, oferecer um suporte teórico sólido e inovador para as pesquisas no campo da literatura com viés transdisciplinar.

Os organizadores

A imagem informada pela escrita

I

Palavra e imagem permitem o acesso, em todas as sociedades, a universos diversos. A palavra garante a coesão do grupo; administra suas trocas internas. Os poetas e os contadores têm por missão transmitir a narrativa de suas origens e de seus mitos de uma geração a outra. A imagem permite ao grupo comunicar-se com mundos em que não se fala sua língua, isto é, com os deuses, que se manifestam para ele por meio dos sonhos ou das visões. A imagem revela o invisível. Em nossas sociedades, das quais os fantasmas estão ausentes, sua magia permaneceu intacta: "Parece que essa pintura, como os feiticeiros e os ilusionistas, projeta seu pensamento a distância", observa Baudelaire a respeito de Delacroix.[1] À arte da alusão indireta e da criação autoral própria à poesia, a imagem opõe a da imanência visionária: "Poetizar por arte plástica, meio de prestígios diretos, parece, sem intervenção, fato do ambiente despertando nas superfícies seu luminoso segredo", escreve Mallarmé.[2]

Poderiam essas duas artes criar formas que associariam suas diferenças? O fato de os pintores ocidentais terem dedicado seu talento, durante séculos, a representar personagens cuja história era sugerida graças a alguns indícios apropriados não me parece prova suficiente, nem convincente. A imagem, segundo tal tradição, é pensada como uma serva do discurso:

1 Baudelaire. Exposition universelle de 1855, p. 237.
2 Mallarmé. Berthe Morisot, p. 166.

não se procura ver nela a *estranheza* que, o que quer que se faça, lhe escapa de modo essencial. Mas quando se trata de escrita, a situação é outra.

Pois não há a menor dúvida: a escrita não constitui uma representação da fala; ela nasceu de uma estrutura elaborada a partir da imagem, na qual a fala integrou os elementos de seu sistema que eram compatíveis com ela. A tese da "representação" repousa sobre dois postulados que visam a negar à imagem – numa civilização na qual, como sabemos, a linguagem é considerada como único vetor legítimo do pensamento – seu papel decisivo nas origens da invenção da escrita.

O primeiro desses preconceitos relaciona-se com a definição da "figura". A teoria comumente aceita para explicar a aparição dos pictogramas consiste, com efeito, em afirmar que essas "imagens de palavras" (definição por si mesma fortemente contestável, mas que não cabe discutir neste momento) seriam provenientes das "imagens de coisas". É essa acepção realista da figura que deu origem à do signo como unidade referencial e fixa que encontramos em Saussure. Da mesma forma, foi ela que permitiu justificar a emergência dos valores fonéticos da escrita através de uma intervenção fortuita da fala durante a gênese do sistema, uma vez que o campo de representação das figuras as tornou inaptas a transcrever noções abstratas ou termos gramaticais.

André Leroi-Gourhan demonstrou que, longe de serem "imagens de coisas", as primeiras figuras pintadas pelo homem sobre as paredes das cavernas pré-históricas traduziam um pensamento simbolizador do qual não havia esboço, ao contrário do que acontece com a invenção da linguagem e da ferramenta, nas sociedades animais.[3] Todavia, o autor

3 Leroi-Gourhan. *Le Geste et la parole*, p. 262.

também propôs definir o agenciamento espacial dessas figuras como uma "mitografia". Esse termo é revelador do segundo preconceito que toca a imagem, o qual consiste, como prova a referência feita à noção de "mito", em dar à sua própria existência uma origem linguageira. Isso é confirmado explicitamente pela importância que Leroi-Gourhan conferiu ao "traço", concebido por ele como a transposição gráfica da linearidade verbal, na elaboração da escrita – ele até o institui como sua etapa fundadora –, enquanto a "mitografia" inicial justificava plenamente todos os seus aspectos, inclusive os fonográficos.[4]

É preciso reconhecer, entretanto, que se o homem pôde ter a ideia de combinar figuras-símbolos sobre uma superfície – e isto de tal maneira que seu espectador pudesse compreender que elas formavam, em conjunto, um sentido –, ele teve necessariamente de conceber primeiro, isto é, antes de as escolher e até mesmo de as imaginar, o suporte do qual iria fazê-las surgir e ordenar sua distribuição.

É, portanto, privilegiando na análise da imagem seu suporte, ao invés de suas figuras, que poderemos determinar as premissas icônicas da escrita. Os homens da pré-história não cessaram, aliás, de homenagear as paredes inspiradoras sobre as quais eles inventavam a pintura, imprimindo ali suas mãos, como se quisessem manifestar assim sua alegria em descobrir que tinham um poder diferente daquele de fabricar armas e instrumentos; e que também o mundo das profundezas podia deixar de ser apenas dedicado à celebração de seus mortos.

Lessing condenou a aplicação à pintura do modelo narrativo precisamente em razão do caráter específico de seu suporte.

---

4 Para um desenvolvimento mais detalhado sobre essa parte do artigo, ver Christin. *L'Image écrite ou la déraison graphique* (Paris: Flammarion, 1995).

"Objetos que se justapõem ou cujas partes são justapostas são chamados de corpos. Portanto, os corpos com suas qualidades visíveis são objetos próprios à pintura. Objetos sucessivos, ou cujas partes são sucessivas, são chamados, genericamente, de ações. Portanto, as ações são o objeto específico da poesia", explica Lessing em seu *Laocoonte*.[5] Mas, se por um lado esse ponto de vista confirma a necessidade de definir os "limites respectivos da pintura e da poesia" a fim de determinar suas formas legítimas de associação, por outro ele se inscreve num contexto por demais estritamente histórico para que possa nos servir de apoio. Na verdade, não é a narração enquanto veículo de um pensamento mítico estranho ao da imagem que Lessing questiona em sua argumentação, mas, de maneira mais empírica, a iconografia anedótica e burguesa que acabara invadindo a pintura de seu tempo. Por outro lado, a oposição que ele estabelece entre "artes do espaço" e "artes do tempo" – escultura e pintura fazendo parte, juntas, da primeira categoria, poesia e literatura de ficção, da segunda – também não deixa de apresentar alguns problemas. É evidente, por exemplo, que não se pode limitar a definição do tempo na pintura unicamente a seus aspectos narrativos, ou seja, artificiais: uma imagem, para ser "vista", sempre demanda que seja percorrida mais ou menos longamente pelo olhar. Essa dimensão temporal é, aliás, o que a distingue principalmente da escultura. Mas Lessing deixou-se levar, sem dúvida, de acordo com a longa tradição crítica de que se beneficiava o *paragone*, pelos defensores da teoria segundo a qual escultura e pintura, sendo duas artes igualmente "materiais", não deviam *a priori* ser distinguidas uma da outra.

5 Lessing. *Laocoon*, p. 120.

A imagem informada pela escrita

Sendo assim, não será por meio do argumento da temporalidade da pintura que poderemos justificar o valor semiótico de seu suporte. Mas a invenção da escrita revela que a função da imagem à qual as sociedades humanas deram mais importância é a função de comunicação. A necessidade de comunicar está, com mais certeza, na origem dessa invenção, muito mais do que estaria a preocupação de oferecer à fala uma mera função de "lembrete": sociedades permaneceram orais sem que a proximidade a civilizações da escrita as tenha afetado – é o caso dos ciganos –, e algumas delas – como os hindus – perderam o uso de uma escrita que haviam todavia inventado por falta de poder lhe reconhecer uma utilidade real que lhes interessasse. A difusão do sistema de escrita chinês, mesmo na China, onde desde sempre ele permite compensar a diversidade dos dialetos que estão ali em uso, como também na maioria das culturas da Ásia do Leste, é sem dúvida o que melhor nos esclarece sobre a natureza da necessidade à qual responde a utilização da escrita: a escrita oferece a uma sociedade a possibilidade de ampliar seu campo de comunicação verbal para além das fronteiras de sua própria língua. Nenhum outro motivo além desse poderia forçar os homens a adaptar as estruturas de uma linguagem, da qual dependiam não apenas sua posição social, mas também seu universo de pensamento, às estruturas de um *medium* cuja aura, por outro lado, aproximava-se sobremaneira das práticas obscuras e incontroláveis da magia.

Superfície acolhedora do invisível, compreende-se que não foi através do "traço" que a tela da imagem conduziu à escrita. O traço é o depósito de um gesto que visa a representar um ato de enunciação; o suporte sobre o qual ele se inscreve não exerce nenhum efeito, senão puramente acidental, sobre seu percurso: o traço o ignora. O signo que nasce da imagem não possui referência linguageira: ele resulta do mesmo exercício de observação de superfícies anunciadoras de revelações que, na longa história que leva da aparição da imagem à da escrita, teria como primeira consequência a invenção da agricultura. Na esteira de Leroi-Gourhan, Jacques Cauvin demonstrou em seus trabalhos que, com efeito, "a 'iniciativa' agrícola enquanto inauguração de um comportamento sedentário face a seu meio natural" deve-se à "revolução dos símbolos", que, tendo se expressado inicialmente pela imagem no período paleolítico, incitaria em seguida os homens a remodelar o real em nome "de novas significações, num sistema de relações renovado", sem que nenhuma necessidade material ou alimentar o justificasse.[6]

Conjugando a observação significante e a comunicação com o além, esses mesmos homens teriam sido conduzidos à escrita por etapas que, na China, assumiram duas formas paralelas e complementares. A primeira etapa é a criação dos trigramas, cuja lenda atravessou os séculos:

> Nos tempos antigos, Pao Xi reinou no mundo. Erguendo os olhos contemplou as figurações que estão no céu e, baixando os olhos, contemplou os fenômenos que estão na terra. Considerou as marcas [*wen*] visíveis nos corpos dos pássaros e dos animais, bem como as disposições favoráveis oferecidas pela terra; serviu-se, perto, de sua própria pessoa, assim como, longe, das realidades exteriores. Começou então a criar os oito trigramas [do *Livro das mutações*] a fim de comunicar-se com o poder da Eficiência

---

6 Cauvin. *Naissance des divinités, naissance de l'agriculture*, p. 92 e 275.

A imagem informada pela escrita

infinita [*operando no universo*], bem como a classificar as condições de todos os seres.⁷

Do signo de origem transcendental ao da escrita humana, a metamorfose passa por um traço, mas este serve a transcrever as marcas da natureza, não significa a vontade de uma palavra: a memória sobre a qual repousa a civilização chinesa é a do visível, não do verbo.

A adivinhação através do casco de tartaruga constitui uma etapa decisiva da passagem da imagem à escrita.⁸ De fato, neste caso, a comunicação com o além integra de modo explícito seus destinatários humanos. Enquanto a superfície do céu estrelado ou da terra não tem outro limite a não ser o do horizonte, testemunhando sobre o infinito que caracteriza a ordem do mundo, e enquanto as paredes das cavernas pré-históricas participam do agenciamento e do imaginário de um lugar sagrado, o suporte da adivinhação, ao contrário, possui as dimensões de um objeto – é um objeto. No espaço contínuo da aparência, ele procede do fragmento, destacado dessa aparência em razão de seu fechamento, mas constituindo também seu reflexo em miniatura – o casco da tartaruga, assim como o fígado de carneiro na Mesopotâmia, outro suporte divinatório, são ambos descritos, inclusive, como refletindo o céu. Por outro lado, esse objeto provém de um ser essencial à vida e à memória simbólica dos homens: ele só pode ser consultado por meio de um sacrifício. Espelho complexo de dois universos vizinhos e opostos, mas engajados na mesma aventura social, esse suporte não poderia deixar de dar ao adivinho a certeza de que as figuras que

---

7 Zhouyi, II § 2, citado por Jullien. À l'origine de la notion chinoise de littérature, p. 48.
8 Cf. Vandermeesch. De la tortue à l'achillée, p. 29-51.

ele via surgir ali lhe estavam efetivamente destinadas, e que seus signos compunham uma mensagem real do além. Esses signos-traços originais, obtidos por intermédio do fogo sobre o casco das tartarugas ou diretamente legíveis sobre os lobos dos fígados de carneiro, não são realizados "*pela mão do homem*", eles vêm de outro lugar – eles *falam do além*. O sistema da língua escrita divina estava então constituído: aos homens restava apenas desviar o uso deste em seu próprio benefício.

A filiação dos signos da escrita com relação aos da adivinhação não deixa dúvida: o surgimento da escrita ideográfica na China é bem próximo ao surgimento dos signos da adivinhação, e aqueles são gravados de forma a se assemelhar a estes.[9] A associação semântica das figuras, mesmo sendo elas heterogêneas, autorizada na imagem pela continuidade de sua superfície, bem como a fluidez dos intervalos que asseguravam sua relação, se transformaram em deslizamento metonímico. Isso explica o fato de encontrarmos, nos três sistemas de escrita fundados sobre o ideograma, que apareceram quase simultaneamente na Mesopotâmia, no Egito e na China, um mesmo valor alternativo atribuído ao signo escrito. Sua primeira função de logograma – termo mais pertinente para designá-lo do que ideograma – pode com efeito se converter na função de fonograma por simples transferência homofônica ou tornar-se o testemunho silencioso de seu sentido verbal original (essa função é chamada "chave", em chinês, e "determinativa", em outras línguas), a fim de completar um fonograma com a precisão lexical que lhe falta, restituindo assim, ao leitor, sua vocação inicial de adivinho. Essa flexibilidade funcional é, entretanto, contrabalançada

---

9 Cf. Vandermeesch. Écriture et langue écrite en Chine, p. 61-73.

por uma restrição que evidencia o fato de o signo pertencer a seu suporte e justifica seu modo de leitura. Se na escrita chinesa essa restrição é primordial, na escrita cuneiforme sua importância é reduzida; mas, talvez porque a natureza figurativa do hieróglifo o torne mais suscetível de evasão para o real, no Egito antigo ela é imperativa: o que define o ideograma, além de seu valor de signo, é sua calibragem, isto é, o espaço determinado que ele ocupa no espaço de seu suporte, este sendo, por sua vez, determinado com precisão.

Através da evolução que a conduziu à escrita, portanto, depreende-se da imagem aquilo que poderíamos chamar de seu "código de mutação": os dados racionais que a tornaram, desde a origem, não uma residência secundária do discurso, mas o lugar de um pensamento independente. A imagem poderia assim recuperá-lo a cada vez que o ambiente cultural colocado à sua disposição lhe fosse novamente favorável.

II

Nas civilizações da escrita, a imagem possui, entretanto, uma diferença essencial em relação às sociedades que não a conhecem: ela carrega em si mesma seu fantasma. Fantasma equívoco, na verdade, uma vez que ele é, ao mesmo tempo, o da escrita *em seu princípio* (ou seja, ideográfico) e o do sistema escolhido pela cultura local, que pode estar em contradição com o primeiro. Este é o caso do Ocidente moderno que escolheu o alfabeto grego, sistema em que o signo escrito não possui mais a labilidade que era sua anteriormente – cada letra remetendo doravante a um fonema, vogal ou consoante – e cuja aparição é concomitante com a emergência da noção de representação, de *mimesis*, bem como com a teoria que fez da narração o modelo natural da pintura.[10]

Essa simultaneidade não é certamente um acaso. Considerando o que acaba de ser dito sobre a natureza icônica da escrita, parece evidente, com efeito, que representação e narração só puderam ser colocadas como critérios da criação pictural em uma cultura que, ao perder o sentido da importância do visível na escrita – em teoria pelo menos, pois na prática é diferente, uma vez que a imagem tem reinvestido o alfabeto, sempre que possível, por caminhos diversos: ortografia, diagramação etc. –, perdeu, ao mesmo tempo, a memória do "código de mutação" que regia originalmente a imagem.

A noção de "representação" se aplica, na imagem, não apenas exclusivamente às figuras, ignorando seu suporte, mas, além disso, como demonstra a alegoria da caverna que abre o livro VII da *República*, de Platão, ela proíbe que esse suporte seja concebido como uma fonte possível de novidade, e sobretudo de revelação. A própria figura é ali considerada apenas como uma sombra, remetendo não a uma transcendência, mas ao visível, o mais concreto e o mais banal – simples marionetes, diz Platão.[11] O mesmo acontece com a narração. Com efeito, uma narração torna-se possível somente a partir do momento em que cada um de seus actantes tenha sido definido previamente como um indivíduo específico, e em que sua função (ou mesmo sua própria identidade física, a qual pode estar sujeita a metamorfoses) permaneça a mesma ao longo da história. Ora, esta dupla característica, que reflete as leis evidentes da comunicação verbal, cujos signos e a sintaxe devem igualmente permanecer fixos, encontra na rigidez

---

10 Cf. observação de J. P. Vernant em *Image et signification*, p. 294.
11 Platão. *République VII*, 512a-517b.

A imagem informada pela escrita

estrutural do sistema alfabético um apoio tão importante que acaba por afirmar, em retorno, a legitimidade fonética desse sistema. Ela é profundamente estranha, em contraponto, à escrita, na qual o signo é caracterizado pela mobilidade de suas funções, em que a diversidade das leituras que ela autoriza pode conduzir até mesmo ao equívoco. É notável, por sinal, que a literatura chinesa tenha ignorado a epopeia e que tenha produzido romances somente quando sua escrita explicitou um foneticismo que, em princípio, não lhe era indispensável.[12]

O peso teórico do alfabeto é tão poderoso em nossa cultura que pode ser constatado até em Lessing, crítico, entretanto, da narração transposta para a pintura, quando ele reduz a composição pictural das "ações coletivas" – segundo sua expressão – a uma pura e simples *assemblage*. Ele explica que "os quadros de história foram imaginados apenas para pintar, ao mesmo tempo, as belezas corpóreas dos diversos gêneros". O que importa, sobretudo, diz ele, é o "efeito do todo", "a beleza do conjunto".[13] Suposição tão lógica quanto vã: ela aplica ao campo plástico um modelo cuja referência não possui, na realidade, nada de visual, uma vez que se inspira na adição de fonemas cujo alfabeto criou a lei gráfica – sendo a beleza, neste caso, um dom gratuito da natureza.

Também não é tão surpreendente observar que, quando Maurice Denis afirma, na célebre frase em que manifestava a pretensão de libertar a pintura dos modelos que pesavam sobre ela ("Lembrar que um quadro de pintura – antes mesmo de ser um cavalo de batalha, uma mulher nua ou qualquer outra anedota – é essencialmente uma superfície plana recoberta

---

12 Vandermeesch. De la tortue à l'achillée, p. 29-51 e L'Écriture en Chine.
13 Lessing. *Laocoon*, p. 274 e 289.

de cores reunidas em uma certa ordem"),[14] ele negligencia o papel exercido nesta "ordem" pelas zonas vacantes através das quais, precisamente, a imagem melhor escapa à anedota. Para ele, a arte pictural refere-se apenas ao "pleno", ou seja, mais uma vez, à adição de termos fixos promovida pelo alfabeto. Os *intervalos*, em seu quadro modelo, são invisíveis e tampouco permitem o acesso a um sentido.

A lição que nos oferece a China *informada pela escrita* – ou seja, pelo ideograma criado por ela, em que o "signo mudo" (e não vazio) da chave gerou a parte mais importante de seu léxico escrito, a dos "ideofonogramas" – é completamente diversa. Podemos compreendê-la melhor comparando os dois modos de representação da paisagem que também lá foram inventados. A "paisagem no lago", jardim flutuante composto de pedras e de árvores nanicas – "mundo reduzido", retomando a expressão de Rolf A. Stein –, e a "pintura letrada de paisagem", que surge na pintura chinesa desde a alta Idade Média, transpõem, cada uma à sua maneira, uma relação com a natureza essencial para a filosofia do Extremo Oriente. Mas a diferença que separa esses dois tipos de criação não é unicamente material, mas também intelectual. O microcosmo do jardim é assombrado pelo pensamento mágico: esperamos que surja dali uma outra realidade, maravilhosa.[15] A sabedoria da paisagem sobre rolo inspira-se na adivinhação: tal pintura não busca exercer um poder qualquer sobre o mundo, mas temos certeza de que o fato de contemplá-la permitirá ao espectador ter acesso à experiência de sua verdade.

Diferenças do pensamento e dos objetos que o encarnam estão, aqui, intimamente ligadas. A paisagem em miniatura

---

14 Denis. Définition du néo-traditionnisme (In: *Art et critique*, 23 out. 1890).
15 Stein. *Le Monde en petit*, p. 57.

encontra seu apoio nos elementos brutos do real – mesmo quando se apropria deles por meio de artifícios rebuscados. A pintura letrada de paisagem explora as virtualidades espirituais da imagem tal como foram reveladas à China pela escrita. O aspecto mais manifesto dessa continuidade – pelo menos para um ocidental, atraído apenas pela dinâmica gestual na escrita – deve-se ao fato de que um mesmo traço de pincel conduz o pintor-calígrafo a colocar o primeiro elemento de uma letra e a representar uma folha de bambu. Mas isso é a consequência, de certa forma profana, humanista, desse *pensamento da tela* cuja missão primitiva fora definir certas superfícies privilegiadas que poderiam se tornar suportes dos signos do além. O homem, então, havia roubado dali os princípios de sua escrita, como mostra a criação dos trigramas do *Livro das mutações*: a partir desse momento, ele realizava ali sua fusão com o universo. Na origem da escrita chinesa, assim como na da paisagem pintada, a experiência fundadora não é a do traço, mas a do "vazio" – ou seja, do intervalo –, graças ao qual toda comunicação entre uma determinada superfície e o mundo que a transcende é suscetível de se abrir. De acordo com o pintor Chang Shih,

> sobre um papel quadrado de três pés, a parte [visivelmente] pintada ocupa apenas um terço. No restante do papel, parece não haver nenhuma imagem; entretanto, as imagens têm ali uma existência eminente. Assim, o Vazio não é o nada. O Vazio é o quadro.[16]

"O campo pictural tem propriedades locais próprias que afetam nosso sentimento dos signos", escreveu Meyer Schapiro no artigo dedicado a "Quelques problèmes de

---

16 Citado por Cheng. *Vide et plein*, p. 63.

sémiotique de l'art visuel : champ et véhicule dans les signes iconiques" [Alguns problemas de semiótica da arte visual: campo e veículo nos signos icônicos]. Ele sublinha ainda a importância do intervalo na pintura. Todavia, seu raciocínio procede inversamente ao que acabo de apresentar. De acordo com o historiador de arte, com efeito, não é na origem da imagem que o intervalo encontra sua necessidade – "estou inclinado a pensar", escreve o autor, por exemplo, "que a superfície pré-histórica era neutra, simples suporte da imagem, ainda indeterminado" –, mas na época em que se constituem as leis da perspectiva, etapa-chave quando se opera, diz ele, a "conversão [dos] elementos não miméticos [da pintura] em elementos positivos de representação, pois os intervalos da superfície do quadro que separam as figuras tornam-se então signos de um espaço contínuo em três dimensões".[17]

Essa conclusão, que liberta o intervalo da utopia da narração apenas para encerrá-lo ainda mais na utopia da representação, surpreende mais ainda, já que Schapiro também faz recair sobre ela sua argumentação acerca da comparação entre pintura chinesa e arte ocidental e acerca da referência explícita aos usos da escrita – incluída a chinesa. Vemos claramente nesse texto o principal problema colocado por tal comparação: não apenas ela demanda que nos informemos da maneira mais rigorosa possível sobre escritas e culturas as mais diferentes das nossas, mas também que aceitemos tirar de tais diferenças todas as consequências que elas implicam, por mais contraditórias que sejam em relação àquilo que esperávamos ter demonstrado *a priori*. "É evidente que o sentimento do conjunto depende dos hábitos da visão, os quais são variáveis", afirma Schapiro. Entretanto, quando ele observa a importância

---

17 Schapiro. *Style, artiste et société*, p. 11 e 33.

dos vazios na pintura chinesa, mostra-se sensível, sobretudo, à impressão dos selos – o que é evidentemente incompatível com sua utilização "realista" –, concluindo que, na China,

um *connaisseur*, ao contemplar uma obra admirada, podia considerar o fundo vazio e as margens como se não fizessem realmente parte da obra, do mesmo modo que o leitor de um livro pode ver as margens e os interstícios do texto como abertos à anotação.[18]

A última frase é particularmente instrutiva. Ela nos mostra, de fato, que o historiador estava a tal ponto convencido de que os intervalos da pintura são indissociáveis da necessidade de representar o real que renunciou rapidamente a interrogar tal fenômeno, embora ele próprio tenha observado que o mesmo se encontrava no espaço de nossos próprios livros. Da mesma forma, não é apenas sua convicção na ficção realista da "janela" albertiniana que está na origem de sua abordagem – convicção que deveria ter sido abalada pelo fato de encontrarmos outros exemplos de "campo retangular artificial",[19] em especial o do rolo pictural na China e no Japão. Sua interpretação da escrita permaneceu tão cega de logocentrismo quanto a de Lessing no seu tempo, apesar de Schapiro ter tido provas de seu erro, oferecidas pelas civilizações pelas quais ele se interessava. "Uma palavra escrita permanece a mesma seja qual for a cor da tinta", declara Schapiro.[20] A afirmação é bizarra se pensarmos nas inúmeras criações – caligráficas, ilustrativas, tipográficas, poéticas – através das quais os escritores e os artistas

---

18 Schapiro. *Style, artiste et société*, p. 10.
19 Schapiro. *Style, artiste et société*, p. 9.
20 Schapiro. *Style, artiste et société*, p. 29.

plásticos ocidentais tentaram restituir à cultura do alfabeto a "semântica" visual com a qual se beneficiava o ideograma.

Pois o "intervalo" é bem diferente de uma figura, de uma palavra ou de uma letra. Ainda que ocupe o mesmo espaço, ele tem outra função: a de estabelecer entre os elementos de uma imagem efeitos de vizinhança que proporcionarão *a interrogação de um através do outro*. É nisso também que se apoia o processo laicizante do divino que atravessou a escrita para inspirar a pintura chinesa de paisagem: nesta pintura, o mistério não se situa mais apenas na parte externa da imagem, tampouco se resolve no enigma de seu surgimento, revelado de maneira furtiva pela entreabertura de dois motivos; ele está presente na própria superfície, é o princípio motor da associação de suas figuras.

Seria esta a razão, acredito, pela qual os apreciadores e os proprietários de pinturas, na China, autorizaram a si mesmos a imprimir seus selos nos "vazios" das paisagens. Não porque esses espaços estavam desocupados ou eram marginais; ao contrário, porque tinham consciência de que eram *lugares de memória*: memória do universo do qual se constituíam como testemunhas, memória virtual de um traço – do qual prolongavam o ritmo até ligá-lo ao seguinte, como vemos na caligrafia, ou que contribuíam para atenuar, de tal maneira que o olhar pudesse operar a metamorfose de um motivo paisagístico em um outro. Assim, tornara-se indispensável, por um lado, colocar em tais espaços a imagem gráfica de seus próprios nomes (pois se trata sempre de um selo, jamais de uma assinatura) para prestar homenagem a essa memória – mas visando também a ampliá-la com sua própria lembrança e aproveitar suas virtudes – e, por outro lado, evitar consequências prejudiciais para a pintura, uma vez que esses vazios só possuíam existência no espaço invisível e abstrato de um outro tempo.

III

A religião cristã permitiu à civilização do alfabeto reatar os laços da imagem com o além que haviam conduzido à invenção da escrita; mas foram necessários vários séculos para que isso se realizasse. Ser pintor letrado na Idade Média – pois, ainda que os próprios artistas não o fossem, eles deviam pelo menos trabalhar com os letrados para realizar a missão de que estavam encarregados – significava de fato algo completamente diferente no Ocidente, na China ou no Japão à mesma época.

Havia razões diversas para isso. Primeiramente, sendo o laço ideológico que associava escrita e sociedade no Ocidente de origem religiosa, um lugar determinante deveria ser reservado ao mito – ou seja, à narração. A esse respeito, a religião judaico-cristã possui, além disso, uma originalidade notável.

> Em relação às religiões arcaicas e paleorientais, bem como em relação às concepções mítico-filosóficas do Eterno Retorno, tais como foram elaboradas na Índia e na Grécia, o judaísmo apresenta uma inovação capital. *Para o judaísmo, o Tempo tem um começo e terá um fim.* A ideia do Tempo cíclico está ultrapassada. Jeová não se manifesta mais no *Tempo cósmico* (como os deuses das outras religiões), mas em um *Tempo histórico,* que é irreversível.[21]

O fato de Deus, Criador do mundo, ser também e em primeiro lugar, na tradição judaica, o deus de um povo o faz

---

21 Eliade. *Le Sacré et le profane*, p. 98.

participar estreitamente do universo da oralidade própria a esse povo. O "além", que nas demais tradições culturais está associado às relações visível/invisível que permitem ao grupo ter acesso ao que lhe é exterior, encontra-se, aqui, absorvido nas estruturas internas desse grupo. Além disso, dos dois modos de revelação praticados na sociedade babilônica, isto é, a adivinhação e a profecia, apenas o segundo foi reconhecido pela religião judaica, uma vez que as próprias visões vindas dos sonhos só podiam ser aceitas como testemunhos credíveis quando transferidas para um discurso. De modo curioso, entretanto, o estatuto da imagem, nessa tradição, permanece ambíguo. O monoteísmo, tendo recusado todos os deuses venerados em outros lugares, desprezou e baniu inevitavelmente os ícones que representavam esses deuses. O Deus dos judeus não devia ter outra imagem a não ser seu nome. Esse Deus, todavia, havia criado os homens "à sua imagem": assim, a noção de representação não podia ser condenada de maneira tão radical.

"O cristianismo vai ainda mais longe na valorização do *Tempo histórico*", escreve Mircea Eliade:

> Porque Deus *encarnou*, assumiu *uma existência humana historicamente condicionada*, a História torna-se suscetível de ser santificada (...). O cristão contemporâneo que participa do Tempo litúrgico vai ao encontro do *illud tempus* no qual viveu, agonizou e ressuscitou Jesus, porém, não se trata mais de um tempo mítico, mas do Tempo em que Pôncio Pilatos governava a Judeia.[22]

A história da vida de Cristo e os textos que a narram contêm as lições que devem servir para a edificação dos fiéis

---

22 Eliade. *Le Sacré et le profane*, p. 98-99.

A imagem informada pela escrita

tanto quanto a palavra do Messias. A mutação ideológica engajada por esta nova religião diz respeito igualmente à imagem, que não pode ser mais compreendida apenas como uma representação. O dogma da encarnação de Cristo confere à passagem do invisível ao visível uma importância tão fundamental que nos impede de defini-la de maneira tão sumária. Certamente esse dogma não tem incidência, pelo menos em teoria, sobre a imagem enquanto tal, uma vez que se trata de uma realização material e puramente humana; mas nem por isso ela deixou de ser objeto de interrogações peculiares, relativas à origem de seus poderes, à sua natureza, a seus limites, todas essas questões profundamente estranhas à tradição judaica.

Os sistemas de escrita utilizados na redação dos textos santos que fundamentam as duas religiões contribuem ainda na ênfase da diferença que separa suas abordagens da imagem. Que a imagem de Deus seja seu nome é perfeitamente concebível a partir do alfabeto semítico, pois a letra, nesse sistema, mantém relação direta com o sentido, como acontece com o ideograma: a consoante escrita representa ali o elemento de uma raiz verbal cuja memória ela pode difundir através do espaço do texto sem precisar do complemento de uma letra imediatamente vizinha. Mas a letra grega remete, por sua vez, a um fonema, cujas ocorrências têm, cada uma, uma função estritamente distintiva. A unidade que ela constitui não é suscetível à difusão ou à contaminação, ela pode apenas *somar-se* às que vêm em seguida, como já foi observado. Uma outra consequência desse sistema está no fato de a leitura de um texto necessitar que o leitor ultrapasse três etapas: a da decifração das letras, a de seu agrupamento em sílabas e a da descoberta do sentido pela identificação de uma palavra ou de um conjunto de palavras obtido ao final da reunião dessas mesmas sílabas. O fato de a prática desse tipo de leitura gerar automatismos suficientemente capazes de nos fazer esquecer a complexidade de seu processo em nada impede que, ao analisá-la, seja a essa estrutura que devamos retornar, como demonstra o *Teeteto*, de Platão, em que o debate relativo à definição da ciência, conduzido por Sócrates, apoia-se sobre a oposição letra/sílaba. Tudo aquilo que faz sentido através da escrita decompõe-se em unidades articuladas de maneira linear. Fato incontestável em se tratando do sistema grego, e mais ainda em se tratando do sistema latino, que acentuou seu foneticismo, tal doutrina não podia deixar de se generalizar, embora indevidamente, atingindo outros sistemas de escrita. E foi estendida ainda, por princípio, a qualquer forma de expressão colocada em paralelo à escrita, em especial à imagem, como se fosse seu modelo natural.

Parece-nos, todavia, que o imperialismo do alfabeto não se manifestou desde a origem da cristandade. De fato, naquela época, a imagem é percebida sobretudo como uma maneira de expressar a fé, complementar ao respeito que se deve à palavra sagrada contida nas Escrituras, enquanto suporte igualmente sagrado. Os símbolos gravados ou pintados sobre as paredes das igrejas subterrâneas de Roma são, assim como eram na época pré-histórica, sinais de correspondência com o invisível através do visível, o exemplo mais notável sendo o monograma de Cristo, surgido no início do século IV. Tudo acontece então como se assistíssemos ao esboço da mutação que levou da arte ilusionista própria à pintura antiga, e que tinha se constituído na Grécia simultaneamente ao alfabeto, a uma arte que iria se organizar novamente num verdadeiro sistema icônico de comunicação.

Conduzido talvez pela mesma ingenuidade criativa ligada a uma religião ainda recente, o Império Romano convertido ao cristianismo descobriu, já no século V, as condições necessárias para tal comunicação, tendo definido sua estratégia em termos quase idênticos aos que encontramos no século XIV, em Giotto. A primeira dessas condições diz que – em oposição à escolha que havia sido feita na China, mas porque a escrita, nesse caso, ainda estava impregnada de imagem e participava de uma filosofia diferente – a imagem deve manter-se distante do suporte escrito, destinado a um público especializado. Um público particularmente especializado, já que a língua que é transcrita ali, o latim, se distanciaria cada vez mais, ao longo dos séculos, daquela praticada no quotidiano, público este que, além disso, procura nos textos unicamente um saber e um ensinamento cuja própria origem é oral. O renascimento da imagem só pode ocorrer nos locais de celebração comunitária. Somente as imagens que *contemplamos juntos* possuem uma força equivalente à da iniciação evangélica. Sem dúvida, e a igreja de São Vital de Ravena[23] mostra bem isso, o poder do Estado podia tentar se aproveitar das homenagens que eram prestadas dessa forma a Deus, mas ele foi hábil ao se fazer representar nas margens, onde podia criar a ilusão de estar retraído. O objetivo da imagem cristã é da mesma ordem que o da imagem retórica: é preciso seduzir e convencer. Mas sua estratégia é diferente; ela só conhece um princípio: prioridade absoluta deve ser reservada à superfície ofertada à contemplação, seja ela a arquitetura do edifício e de seus materiais ou a iconografia escolhida para sua decoração. A sucessão de colunas abrindo e multiplicando o espaço interior de São Vital, as placas de mármore cujos veios coloridos parecem introduzir o olhar numa geometria onírica, e que foram cuidadosamente

---

23 [N. T.] Para visualizar os mosaicos de Ravena, cf. o website da Basílica de São Vital: https://www.ravennamosaici.it/.

enquadradas como se se tratasse de obras de arte (isso será feito da mesma maneira séculos mais tarde em Veneza, na basílica São Marcos), devem criar em torno do fiel um lugar que, longe de lhe dar a sensação de estar aprisionado ali ou de se sentir inquieto diante do poder que testemunha – como fora talvez o caso nas grutas pré-históricas – oferece-lhe um ambiente cujo encantamento labiríntico deve convencê-lo, ao contrário, de que ele está sendo acolhido e convidado a contemplar o invisível. A ilusão teatral herdada da Antiguidade, que mantinha uma distância entre representação e espectador, é substituída por uma arte que, ao contrário, fez-se suporte de revelação, mesmo tendo utilizado os procedimentos da primeira. Da mesma forma que as filas de procissões de Santo Apolinário, o Novo, alinhadas de um lado e de outro da nave, conduziam o olhar do fiel em direção ao coro através de um irresistível efeito de litania visual, a arquitetura de São Vital o atrai em direção a esse mesmo lugar fundador graças ao contraste, ao mesmo tempo brutal e simbólico, repentinamente revelado entre o solo e a abóbada – a terra e o céu – pelo jogo dos mosaicos que os revestem e cuja matéria produz um efeito visual muito diferente – mármore opaco para o solo, massa de vidro e de ouro para o céu. Iniciação indireta à luz celestial ou sua própria presença? Quando se contempla a abside onde um Redentor jovem, de toga escura, reina sobre um globo de um azul puro, que rompe com a harmonia branca e dourada do céu e dos anjos que o cercam, não se sabe se temos sob os olhos, de imediato, o céu divino ou se os personagens que ali aparecem emergem da tela de tijolo e de cristal que devia dissimulá-los aos olhos dos homens, carregando sobre os ombros suas roupagens artificiais.

Essa estratégia do espaço mural manifesta-se também de modo notável nos tecidos e nos forros de parede que ali estão representados, desviando, em benefício da arte sacra, uma técnica que a própria pintura greco-latina havia tomado emprestada ao teatro: o *trompe-l'œil*. O princípio do *trompe-l'œil* baseia-se numa dissociação calculada dos dois níveis icônicos implícitos em toda representação figurativa: o nível do fundo e o dos objetos. A representação do fundo deve poder ser confundida com um suporte real – solo, parede ou pergaminho – antes que se reproduzam os objetos que ali serão colocados. A perfeição imitativa desse fundo, unicamente, possui o poder de garantir a passagem desses objetos da ficção à realidade, como na arte do brasão; o fundo, neste caso, vem primeiro. Parrásio havia compreendido isso bem, uma vez que ganhou de Zêuxis um concurso em que este havia pintado uvas com tamanha fidelidade que se acreditou que fossem verdadeiras, enquanto aquele pintou apenas cortinas. Mas as cortinas eram tão perfeitamente idênticas a cortinas verdadeiras que o próprio Zêuxis pediu que as afastassem para que pudesse ver a pintura que elas supostamente escondiam.[24] Foi a primeira vitória do visível em seu indecifrável enigma de intervalo sobre o inventário cuidadoso dos signos.

Em Ravena, a cortina é o pano que abrimos para introduzir na assembleia de fiéis os personagens que têm uma posição menos sagrada, ou menos venerável, do que aqueles aos quais o ouro celeste está reservado. Ou então se trata de um tecido que possui uma função similar: toga, toalha, oferenda. Parece que uma necessidade constante levou os mosaístas a esse motivo, mas que continua sendo explorado de maneira intuitiva e empírica. Vemos que o motivo da cortina começa

---

24 Pline. *Histoire naturelle*, XXXV, p. 65-66.

a adquirir um valor abstrato apenas de maneira discreta, a título de camuflagem: em Santo Apolinário in Classe, ele permitiu dissimular a imagem de dignitários condenados como heréticos, cujas efígies haviam sido inscritas antes no panteão mural.

A escrita, por sua vez, está presente nos mosaicos de Ravena. Todos os monumentos, com exceção do batistério dos Arianos, que não possui nenhuma, comportam inscrições. Todavia, privilegiou-se ali, sobretudo, a representação de seus suportes. Os suportes da escrita constituem, com efeito, importantes testemunhos da nova religião e dos fundamentos de sua fé. Basta observar seu formato para adivinhar o conteúdo: os livros e os rolos que alternam sobre os mosaicos e os estuques de quase todos os monumentos – com exceção, mais uma vez, do batistério dos Arianos, em que somente os rolos são visíveis – devem nos lembrar que, se o rolo é o suporte sobre o qual foi escrito o Antigo Testamento, o livro pertence de fato ao Novo, pois surgiu com ele. A lógica icônica da superfície, que preside, por outro lado, à escolha dos tecidos e forros, encontra-se investida, aqui, de um valor especial: a pequena biblioteca cujas portas abertas permitem ver sobre as estantes os livros dos quatro evangelistas, cada um designado pelo seu nome, e que está colocada simetricamente à imagem beatificada de São Lourenço, com sua roupa simbolizando seu martírio sobre a parede do fundo do mausoléu de Galla Placídia, sugere o mistério sagrado em seu maior grau, em que, mesmo anepígrafo e mudo, um suporte permanece ainda escrita em potencial.

A relação fundamental, mas exclusivamente visual, com a escrita foi um tanto negligenciada ou alterada nos séculos seguintes. Do século VII ao XIII, com efeito, a referência à escrita conduziu a arte pictural por um caminho completamente diferente e que resultou no desvio provisório das imagens de sua vocação comunitária em benefício da dos clérigos.

Paradoxalmente, considera-se Gregório, o Grande, ao defender a imagem cristã das acusações de idolatria da qual começavam a acusá-la, aquele que colocou os princípios desse desvio de maneira radical ou, no mínimo, o seu real causador. Na verdade, em 600, ele escreveu ao cardeal Serenus, de Marselha, a quem acusava de retirar as imagens de sua igreja, uma carta cuja memória viria a ser transmitida de século em século:

> Uma coisa é, na verdade, adorar uma pintura, e outra coisa é aprender através de uma cena representada pela pintura aquilo que se deve adorar. Pois o que a leitura oferece às pessoas que leem, a pintura oferece aos analfabetos que a veem, uma vez que esses ignorantes veem ali aquilo que devem imitar; as pinturas são a leitura daqueles que não sabem as letras, de maneira que elas têm a função de uma leitura, sobretudo para os pagãos.[25]

Texto ou imagem constituem, para Gregório, o Grande, meios materiais equivalentes para atingir o invisível. Mas a função de ambos é, antes de tudo, de ensinar, e ensinar como a palavra unicamente o permite, ou seja, pela narração. Se a primeira dessas lições foi em seguida renegada pelos *Libri carolini* (794), a segunda viria a ser confirmada para justificar a recusa do "horos" do Concílio de Nicéia II, que havia homologado, em 787, o valor sagrado das imagens reivindicado pelos bizantinos. Não se tratava, com efeito, para o círculo de Carlos

---

25 Ep. IX, 209, citado por Mariaux. L'Image selon Grégoire le Grand et la question de l'art missionnaire, p. 3.

Magno, de admitir que as imagens, que são apenas de ordem material, possam ter uma vocação espiritual: "é nos livros e não nas imagens que adquirimos a erudição da lógica espiritual".[26] Os pintores estão autorizados, todavia, a exercer seu talento na ilustração da história santa, pois o interesse pedagógico de tal empresa é evidente. Essa concessão resultou numa relativa liberdade conferida aos pintores para compensar, através de inovações estilísticas, a sujeição não natural à qual sua arte havia sido submetida. Entretanto, no século XI, quando uma reação em favor do reconhecimento dos valores espirituais da imagem começou a se manifestar no Ocidente, foi em respeito às convenções gregorianas que se tentou traduzi-la, ou seja, esforçando-se para fazer do motivo narrativo um signo visual, sem se preocupar em questionar a articulação discursiva por meio da qual esse motivo lhes havia sido imposto, e ainda menos o tipo de signo sobre o qual ela estava fundamentada. Assim como havia sugerido Gregório, o Grande, ao falar a respeito das imagens da Bíblia dos iletrados, eles pensavam referir-se à escrita dos textos sagrados, mas não percebiam que, na verdade, substituíam um modelo verbal por outro, a letra alfabética pela figura, ela própria identificada há muito tempo com a palavra. Jean Wirth analisou longamente essa busca do signo pictural que caracteriza a arte dos séculos XI e XII e mostrou a que realizações – estranhamente fantásticas, embora devessem ser, ao contrário, escrupulosamente "literais" – ela conduziu os artistas.[27]

---

26 Citado por Wirth. *L'Image médiévale*, p. 135.
27 Ver em especial Wirth. L'Emprunt des propriétés du nom par l'imagerie médiévale, p. 68.

IV

Por ter redescoberto essa arte [a pintura], que permaneceu escondida durante séculos sob os erros daqueles que pintavam mais para divertir os olhos dos ignorantes do que para satisfazer o intelecto dos sábios, Giotto merece incontestavelmente um lugar entre os astros da glória florentina.

Mesmo que o elogio de Boccacio possa parecer um tanto excessivo em sua formulação, é certo que Giotto renovou de maneira fundamental a pintura ocidental, e que essa renovação apoia-se sobre uma concepção da imagem que data de suas origens.[28] Parece-nos difícil aceitar a análise de Erwin Panofsky, que considera justificado o interesse dos afrescos de Giotto somente a partir da evolução posterior da arte italiana. "Assistimos ao nascimento do 'espaço moderno', um espaço que não pode ser descrito como espaço greco-romano 'visto através do temperamento gótico'", explica o historiador de arte, acrescentando: "tudo isso, nem é preciso dizer, era apenas um começo". Sua tese é a seguinte:

> Apesar de suas imperfeições técnicas, as obras de Duccio e Giotto fazem surgir diante de nós um espaço que não é mais descontínuo e limitado, mas (potencialmente pelo menos) contínuo e infinito (...); o quadro é novamente uma "janela". Mas esta "janela" não é mais o que era antes de ter sido "fechada". Ao invés de ser uma simples abertura talhada na parede ou separando duas pilastras, ela foi acrescida de um *vetro tralucente*, como dizia Alberti: uma placa de vidro imaginária, ao mesmo tempo plana, firme e transparente, suscetível, portanto, de,

---

28 Boccace. *Décaméron*, p. 507.

pela primeira vez na história, ocupar o lugar de um verdadeiro plano de projeção.[29]

É bastante significativo que Panofsky tenha assimilado a originalidade de Giotto à de Duccio. O pintor de Siena, como observa o próprio historiador algumas linhas acima no mesmo texto, nunca se mostrou sensível, contrariamente a Giotto, à arte do final da Antiguidade ou da época paleocristã: dito de outra forma, ele nunca se interessou pela técnica e pela filosofia pictóricas que são próprias ao afresco e sobre as quais repousam, precisamente, as principais descobertas de Giotto. Por outro lado, ao relacionar a obra de Giotto não àquelas que, no século seguinte, viriam a exercer efetivamente um papel equivalente ao seu – a de Piero della Francesca em especial, outro genial pintor de afrescos –, mas a um texto teórico, Panofsky lhe impõe uma finalidade cuja previsibilidade não poderia ser garantida cem anos antes. Porém, ele obedece aos mesmos preconceitos que Schapiro quando este explica com indiferença o fato de que os estetas chineses exprimiam sua admiração pelas pinturas de paisagens colocando seu selo nos espaços que ali haviam sido deixados vazios. A referência a Alberti serve-lhe de garantia para negar o fato de que o suporte de uma imagem, posto que é, de toda evidência, determinante para seu agenciamento concreto, possa ser também determinante para sua concepção. Uma definição da pintura que a liberte da matéria o satisfaz plenamente porque oferece à abordagem iconográfica da arte – como a sua – uma justificativa que pode fazer-se passar por plástica, enquanto seu modelo permanece, de fato, aquele cumulativo e falsamente transparente do alfabeto. Aliás, em *Da Pintura*, Alberti escreve:

---

29 Panofsky. La Peinture italienne du Trecento, p. 140-141.

A imagem informada pela escrita

"Gostaria que aqueles que se iniciam na arte de pintar fizessem aquilo que observo naqueles que ensinam a escrever":

> Ensinam primeiro separadamente todos os caracteres dos elementos, ensinam em seguida a compor as sílabas, depois enfim as expressões. Que nossos iniciantes sigam então esse método pintando. Que aprendam separadamente, de início, o contorno das superfícies – que se pode considerar os elementos da pintura –, depois as ligações das superfícies, enfim as formas de todos os membros, e que guardem em sua memória todas as diferenças que podem ser encontradas nos membros.[30]

A *storia*, segundo Alberti, está estruturada de acordo com os mesmos princípios que a "Bíblia para os iletrados": a única diferença que as separa está no fato de os atores da *storia* não serem mais palavras ou símbolos, mas indivíduos claramente identificáveis e apresentados como tais em quadros concebidos como espelhos. Ora, nada disso corresponde às preocupações de Giotto, que estão bem mais próximas das dos mosaístas de Ravena. Ele não pretende abrir o mundo da imagem para o exterior, mas reunir, ao contrário, no interior de um mesmo lugar, pelo intermédio da pintura, tudo aquilo que está situado além deste lugar, seja um universo concreto ou simbólico, quotidiano ou sobrenatural. Suas "janelas" são apenas um *trompe-l'œil* destinado a tornar mais sensível, como as cortinas de Parrásios, essa realidade particular que constitui uma parede de imagens e cuja função essencial é instaurar elos de comunicação. Para Giotto, tratava-se primeiro de reatar com a abordagem intuitiva dos artistas de Ravena, de se libertar mais uma vez do mundo estritamente codificado da escrita alfabética – mas consciente, a partir de então, dos

---

30 Alberti. *De la Peinture*, p. 115 e 217.

desvios aos quais podia conduzir as imagens –, a fim de reencontrar, através dessas mesmas imagens, consideradas enfim em si mesmas, isto é, na opacidade nativa de seu suporte, os princípios do pensamento icônico.

As circunstâncias que conduziram Giotto a Assis são, de resto, curiosamente bastante parecidas com aquelas que haviam direcionado a decoração de São Vital: a fé que se buscava celebrar sobre as paredes de uma basílica era, ela própria, ainda bastante nova, em certo sentido, e beneficiava igualmente a autoridade do poder. Se por um lado a ruptura introduzida pelo pensamento franciscano na religião cristã não tem nada de cismática, por outro ela se caracteriza de fato por inovações muito audaciosas que viriam a tornar a comunicação por meio da imagem não apenas legítima, mas também necessária: recusa do embargo clerical dos textos sagrados escritos exclusivamente em latim, a fim de permitir aos "iletrados" – como o próprio São Francisco se vangloriava ser – o acesso a eles em sua língua, abertura à natureza e ao mundo quotidiano, atenção privilegiada dada à humanidade sofredora do Cristo na cruz, e não mais à única glória celeste do Pantocrator. Todavia, apenas alguns anos após a morte do santo, a ordem dos irmãos franciscanos já havia adquirido um estatuto oficial. A monumental basílica que fizeram construir na própria cidade onde ele havia nascido, e acima de seu túmulo, é uma basílica pontifical cuja ornamentação de prestígio se deve à solicitude do primeiro papa franciscano, Nicolas IV.

A devoção franciscana ao Cristo na cruz exerceu uma outra influência predominante durante esse mesmo século XIII na Itália, onde, de fato, diferentemente da França, ela sempre teve certo prestígio: o ícone bizantino. Que a imagem visível é um meio de acesso direto ao invisível é o que testemunham essas magníficas cruzes de madeira pintadas, em que os acontecimentos da história santa acompanham, numa estrutura vertical que não é mais a da página, mas diz respeito à arte popular, o corpo do Cristo, sendo algumas delas de autoria do próprio Giotto. E é durante esse mesmo século XIII que a *Verônica*, tecido em que o rosto do Cristo teria deixado sua marca – ícone *acheiropoïète*, se for –, foi depositada no Vaticano e que se começou a divulgar suas cópias na Itália.

O pintor Giotto era solicitado tanto pelas inovações plásticas que se multiplicavam à sua volta quanto pelo tema religioso que os irmãos de Assis lhe haviam proposto ilustrar. Mas sua escolha permaneceu coerente. O espaço é sua única preocupação, não mais aquele que se avalia de maneira abstrata, e que é o objeto do arquiteto, mas o espaço que poderíamos chamar de *matéria ótica da superfície*, aquele que mostra e que transmite. Pesquisas dos pintores romanos visando a simplificar a técnica do afresco e a tornar seus efeitos mais fortes e mais duráveis, ou então, ainda em Roma, criações dos Cosmati ilustrando as fachadas dos novos edifícios com mármores policromáticos, no prolongamento das decorações de São Vital, ou, enfim, referindo-se a esse mesmo movimento plástico proveniente da arquitetura, esculturas de Arnolfo di Cambio cujas silhuetas, ao mesmo tempo sábias e massivas, recolhem a sombra do dia nas dobras esquemáticas de seus drapejados: tantas descobertas e lições que, reunidas às de Cimabue, mais próximas da arte bizantina, forneceram elementos de inspiração a Giotto para renovar a arte pictural.

Os afrescos que realizou em Assis permitiram ao pintor colocar as premissas de uma escrita visual que não estava mais fundada, como antes, na identificação das figuras com palavras ou letras – ou seja, com unidades referenciais articuladas umas às outras por um sistema sintático rígido –, mas sobre uma *leitura espacial*.

Tal mutação já é sensível nos dois afrescos de *Histórias de Isaac* que ele pintou sobre a parte superior da nave e que são obras de sua juventude. Sua composição e seu estilo inspiram-se nos baixos-relevos dos sarcófagos romanos, mas a representação dos personagens participa de maneira muito mais sistemática e íntima daquela do local em que estão apresentados. A nitidez das silhuetas e a importância conferida pelo pintor aos drapejados das togas harmonizam-se com a arquitetura de um quarto – limitado, de fato, a uma alcova –, inscrito numa geometria cúbica de linhas rígidas, sublinhadas por um duplo dispositivo de tecidos: o primeiro, afastado diante da cena como a cortina de um teatro, o segundo, cobrindo o fundo. Outros elementos de correspondência valorizam a estreita interdependência entre os personagens e o espaço: a divisão das cores – o ocre avermelhado da vestimenta de Isaac faz eco, por exemplo, à cor do tecido; a exiguidade do cômodo faz com que ele pareça aderir à parede da basílica como se fosse um *trompe-l'œil*; o estilo do tecido, assim como a maneira como está disposto sobre o trilho da cama, em especial no afresco *Isaque rejeitando Esaú*, lembra exatamente o de um outro tecido fictício que Giotto fez representar na parte inferior da parede e que acompanha toda a volta da nave; enfim, o fato de a iluminação da cena parecer vir diretamente das próprias janelas da basílica. Tudo isso contribui para suscitar uma estranha incerteza da visão, pois o espectador, mesmo não duvidando do caráter fictício daquilo que vê, não pode deixar de se sentir perturbado pela integração dessa ficção à realidade – ela mesma, inclusive, em parte falsa – da parede que a sustenta. Outras consequências insólitas induzidas por essa lógica espacial são percebidas na própria cena. Se, por um lado, podemos supor, com efeito, que é a exiguidade do local escolhido para mostrar os personagens que incitou o pintor a dissimular parcialmente alguns deles, uns atrás dos outros, por outro lado, a leitura dessas encenações só poderia ser narrativa, uma vez que se trata de episódios do Antigo Testamento; e o fato de alguns personagens estarem recuados em relação a outros poderia ser interpretado como algo intencional por parte deles. Ora, nenhum indício nos esclarece sobre o pensamento íntimo desses seres cujos rostos permanecem impassíveis: apenas suas mãos, que parecem pontuar o espaço ao invés de expressar intenções, testemunham a humanidade desses seres-objetos, ao mesmo tempo ausentes e solenes, como se lhes importasse significar, antes de tudo, o fato de pertencerem ao mundo distante dos mitos.

Mas tudo muda – ou melhor, se radicaliza – a partir do momento em que o universo de Giotto não é mais o da história santa, inscrita no passado imemorial da cristandade e que as gerações de artistas haviam impregnado de suas interpretações e seus estilos, mas sim o da vida de um santo que poderia quase ter sido seu contemporâneo e que era preciso ilustrar dentro da própria cidade onde ele havia vivido, onde permaneciam ainda intactos os lugares que ele havia conhecido.

A *Homenagem de um homem simples* (Fig. 1), último afresco realizado pelo pintor para ilustrar a vida de São Francisco, é também aquele que abre a série a partir do coro da basílica. Foi com esse afresco, igualmente, que Giotto se mostrou mais inovador. Rompendo com a encenação habitual, que privilegia a ação dos personagens na ilustração de uma narrativa ao invés do fundo diante do qual esta acontece, Giotto escolheu evidenciar não apenas esse mesmo fundo, mas ainda tomá-lo como eixo principal de sua composição. No centro de sua imagem encontra-se, de fato, a fachada de um pequeno templo dedicado a Minerva, atualmente ainda visível na praça principal de Assis, que havia sido transformado em igreja. Escolha duplamente primordial: ela confirma a vontade do pintor de substituir, na economia da imagem, a ordem da narração pela ordem das relações espaciais, acrescentando ali um efeito inteiramente novo e, de certa forma, incongruente, pois aparentemente redundante: o da *representação do presente*.

Trata-se, nesse caso, realmente de uma "representação"? A fachada é ainda mais estranha pelo fato de Giotto ter retirado sua parede interior de maneira artificial, diminuindo ao extremo o diâmetro das colunas que a precedem – modificação que poderia ser facilmente verificada dando apenas uma volta em frente à basílica. O olhar deve então ser atraído, essencialmente, não pela semelhança do templo com seu modelo, mas pelo espaço vazio de sua parede, cuja brancura é atenuada por uma leve penumbra, devido à posição recuada, e interrompida apenas por duas pequenas janelas com grades. A parte dianteira do edifício, que repousa sobre as colunas e constitui-se de um frontão triangular, vazado por uma rosácea emoldurada por duas figuras de anjos em baixo-relevo, é fortemente iluminada, assim como os degraus que permitem o acesso ao monumento.

Estendido diante desses degraus e ocupando quase toda sua largura na parte inferior da imagem, encontra-se um pano igualmente branco, mas com nuanças cinzentas, sugerindo tratar-se de um manto cujo desenho do decote é visível em um de seus lados. A complementaridade plástica da vestimenta e da fachada, que parece ser seu reflexo, confere uma presença imperiosa a algo que deveria ser apenas um intervalo

A imagem informada pela escrita

insignificante do ponto de vista da ilustração narrativa, e a tal ponto que, ao contrário, o espectador só pode esperar disso uma revelação fundamental. Apenas quando seu olhar se dirige às partes esquerda e direita do duplo painel é que ele descobre os protagonistas da história evocada pela legenda, inscrita abaixo do afresco: Francisco de Assis colocando o pé sobre a vestimenta que um "homem simples" dispôs sobre o piso com o objetivo de homenageá-lo e a qual ainda segura com as mãos, ajoelhado diante dele. A ligeira introdução do santo no vazio central da imagem, assim como, do outro lado, a túnica verde do homem ajoelhado e seu rosto levantado destacando-se da brancura dos degraus, são os sinais da participação conjunta dos dois personagens não de uma simples anedota, mas do enigma dessa parede opaca e da rosácea de seu frontão, diante dos quais, como num cenário de teatro, ocorre a troca de seus olhares. Atrás de um e de outro se encontram ainda dois pares de personagens, de pé, aparentemente absorvidos por sua conversa, figuras ao mesmo tempo quotidianas e discretamente simbólicas, pois suas roupas nos permitem compreender que são dois clérigos que acompanham São Francisco e dois burgueses que acompanham o homem ajoelhado.

Mas um último elemento da imagem merece a atenção do espectador. Acima do frontão do templo e no centro da composição – ou seja, no nível da rosácea –, vê-se no céu azul o que parece ser o relevo de uma console de madeira. Trata-se do início de uma iconóstase da basílica, a qual se apoiava naquele local. A imagem, tal como foi concebida por Giotto, levou também em conta, portanto, um dado da realidade que não era apenas alusivo, como a representação do templo, mas efetivo, e que associava estreitamente o afresco à arquitetura da basílica naquilo que ela tinha de mais sagrado.

Essa intromissão do real na imagem lhe traz uma dimensão que, projetada sobre ela a partir do exterior, anima sua estrutura de maneira ainda mais necessária e atual, conferindo-lhe uma função ao mesmo tempo metafísica e temporal de passagem. O grupo formado por São Francisco e seus amigos religiosos que se encontra aquém da iconóstase pertence ao coro da basílica; o grupo dos três personagens à direita da nave pertence ao mundo dos fiéis. O passo que São Francisco dá sobre a vestimenta do homem simples, prestes a ultrapassar o espaço vazio da fachada do templo, é o próprio ato de sua entrada no mundo e na história dos homens. A temporalidade, ainda que sugerida de maneira indireta, permite também traduzir o espírito do texto de Bonaventura sem ter que ilustrar suas palavras de forma anedótica. "O Homem simples", diz precisamente a legenda, presta homenagem à passagem do santo, estendendo seu manto diante dele, "afirmando, além disso, inspirado, como se pensa, por Deus, que Francisco é digno de todo respeito porque ele está prestes a empreender grandes realizações". Somente um homem como ele poderia de fato fazer a passagem do santo do lugar sagrado dos ofícios para o lugar dos fiéis, pois ele próprio estava "inspirado". É esta inspiração divina que confirma a proximidade da iconóstase e que substitui, no interior da própria imagem, a fachada de um templo que era também a de uma igreja. Por detrás dessa parede muda santificada por uma rosácea, sabemos que Deus está presente, que advertiu o homem de Assis sobre o destino de São Francisco e que assiste ao seu encontro, como ele o faz à devoção dos peregrinos.

A imagem informada pela escrita

Fig. 1 – Giotto di Bondone (1266-1337), *Homenagem de um homem simples*, afresco da Basílica de São Francisco de Assis, Itália.

A função do pequeno templo colocado no centro do afresco está longe de ser apenas a de servir de cenário a uma narração – o fato de que ele tenha sido colocado muito próximo aos personagens e de que a largura de sua fachada seja idêntica à do manto do homem simples é, por sinal, completamente irrealista –, nem mesmo a de lhe impor um certo módulo geométrico. Giotto substitui o esquema de origem discursiva, ou seja, alfabética, que presidia a transposição da narração em pintura há séculos, por outro cujo princípio fundador é o *intervalo*. Se a representação de um lugar ainda exerce nesse caso uma função contextual que lhe é imposta pela narrativa, ele o completa – e o perturba – com um outro esquema, relacionado ao efeito de presença que lhe é próprio. Como o determinativo (ou a chave) na escrita ideográfica, a parede do templo de Minerva, verdadeiro *marcador espacial*, é o testemunho de um valor não explicitado, mas essencial à mensagem que devemos compreender. Esse mesmo procedimento é o que foi utilizado no sistema hieroglífico egípcio, em que a função de determinativo podia ser assumida tanto por um signo de escrita quanto pela figura da qual este signo constituía, ele próprio, a versão reduzida.[31]

Portanto, encontra-se finalmente reconhecido e exaltado na civilização do alfabeto, e isso apesar dessa mesma civilização, o papel determinante do vazio não apenas no interior das imagens, mas no próprio pensamento criativo dos pintores, assim como havia acontecido há milênios no pensamento dos adivinhos e dos inventores do primeiro sistema de escrita. Elogiando, por sua vez, o papel desse vazio em *Bâtons rompus* e defendendo um "escrever" que era o de sua cultura, Jean Dubuffet, bem estranhamente, volta, sem o saber, às origens do ideograma:

> R. – Não é a figuração dos objetos que me parece importante, mas o que há entre os objetos, aquilo que o condicionamento cultural incita a ver como vazios. Parece-me que esses vazios, justamente, é que precisam ser preenchidos. O *continuum* das coisas foi recortado pela cultura em vinte mil noções cujo inventário corresponde às vinte mil palavras do dicionário. É esse teclado do vocabulário que o pensamento utiliza. Ele é pobre, ele é arbitrário. O escrever não dispõe de outro a sua disposição, enquanto a pintura pode se libertar dele: sua linguagem de signos não é tributária daquele teclado; ela pode, nesse

---

[31] Ver, em especial, Vernus. Des relations entre textes et représentations dans l'Egypte pharaonique, p. 45-70.

continuum, fixar ao infinito os pontos que se situam em todos os intervalos separando as noções que receberam um nome. Nisso consiste precisamente a missão da pintura e onde ela pode encontrar o meio de libertar o pensamento dessas vinte mil cordas às quais está preso e que o impedem de voar. É a missão da pintura deslocar essa baliza, reinstituir o *continuum*, sobrevoar, introduzir ali pontos de toque ou pontos de apoio alterados a qualquer instante que criam, para o pensamento, todo tipo de novas trajetórias.

Q. – Não percebo de que forma o pintor poderá preencher os vazios separando os objetos.

R. – Você não percebe porque não está livre do condicionamento imposto pelo vocabulário e não pode conceber que haja mais do que o nada ali onde ele não colocou nenhum nome. Ora, o olhar não tem intervalos, o pensamento não tem intervalos, ele preenche tudo com suas projeções. São essas projeções que valem a pena ser fixadas, e cuja representação deve ser dada pela obra.[32]

Tradução de Márcia Arbex-Enrico

Referências

ALBERTI, Leon Battista. *De la Peinture*. Paris: Macula, 1992 [1435].

32 Dubuffet. *Bâtons rompus*, p. 26-27.

BAUDELAIRE, Charles. Exposition universelle de 1855. In: *Curiosités esthétiques*. Paris: Garnier Frères, 1962.
BOCCACE, *Décaméron*. Paris: Livre de poche, 1994 [1351].
CAUVIN, Jacques. *Naissance des divinités, naissance de l'agriculture*. Paris: CNRS Éditions, 1994.
CHENG, François. *Vide et plein*. Paris: Seuil, 1979.
CHRISTIN, Anne-Marie. *L'Image écrite ou la déraison graphique*. Paris: Flammarion, 1995.
DENIS, Maurice. Définition du néo-traditionnisme. *Art et critique*, 23 out. 1890.
DUBUFFET, Jean. *Bâtons rompus*. Paris: Minuit, 1986.
ELIADE, Mircea. *Le Sacré et le profane*. Paris: Gallimard, 1965.
JULLIEN, François. À l'origine de la notion chinoise de littérature. *Extrême-Orient – Extrême-Occident*, n. 3, 1983.
LEROI-GOURHAN, André. *Le Geste et la parole*. Paris: Albin Michel, t. I, 1964.
LESSING, G. E. *Laocoon*. Paris: Hermann, 1990 [1766].
MALLARMÉ, Stéphane. Berthe Morisot. In: Quelques médaillons et portraits en pied. *Igitur, divagations*. Paris: Gallimard, 1976 [1897].
MARIAUX, Pierre Alain. L'Image selon Grégoire le Grand et la question de l'art missionnaire. *Cristianesimo nella storia*, Université de Bologne, n. 14, 1993.
PANOFSKY, Erwin. La Peinture italienne du Trecento. In: *La Renaissance et ses avant-courriers dans l'art de l'Occident*. Paris: Flammarion, 1990 [1960].
PLATÃO. *República VII*, 512a-517b.
PLINE. *Histoire naturelle*. Livre XXXV.
SCHAPIRO, Meyer. *Style, artiste et société*. Paris: Gallimard, 1982.
STEIN, Rolf. A. *Le Monde en petit*. Paris: Flammarion, 1987.

VANDERMEESCH, Léon. De la tortue à l'achillée. In: *Divination et rationalité*. Paris: Seuil, 1974.

VANDERMEESCH, Léon. Écriture et langue écrite en Chine. *Le Débat*, n. 62, p. 61-73, 1990.

VANDERMEESCH, Léon. L'Écriture en Chine. In: *Histoire de l'écriture*. Paris: Flammarion, 1999.

VERNANT, Jean Paul. *Image et signification*. Paris: Documentation française, 1983.

VERNUS, Pascal. Des relations entre textes et représentations dans l'Egypte pharaonique. In: *Ecritures II*. Paris: Le Sycomore, 1985.

WIRTH, Jean. L'Emprunt des propriétés du nom par l'imagerie médiévale. *Études de lettres*, Université de Lausanne, n. 3-4, 1994.

WIRTH, Jean. *L'Image médiévale*. Paris: Méridiens-Klincksieck, 1989.

O signo em questão

Parece natural, e mesmo banal, falar em "signo" da escrita. Mas o que devemos de fato entender por isso? A interpretação dessa palavra está longe de ser evidente. Empregada como sinônimo de "caractere", remete-nos a sistemas de escrita que, do ideograma à letra, deram a esse caractere, e a esse signo, acepções extremamente diversas e, no caso de algumas delas, incompatíveis umas com as outras. Gostaríamos de identificar aí um "signo" no sentido forte e pleno do termo? Mas, além de a escolha continuar em aberto entre suas diferentes encarnações históricas, não é certo que se prestem todas igualmente a uma tal definição. Sabe-se, por exemplo, que os latinos sempre hesitaram em utilizar a palavra *signum* para designar o que, por outro lado, chamavam normalmente de *littera*. Este artigo tenta refletir sobre o que poderia ser uma semiótica da escrita e determinar a natureza do "signo" que deveria constituir seu modelo.

A principal dificuldade que os japoneses têm quando vêm pela primeira vez à França, dizia-me recentemente uma jovem colega da universidade de Kumamoto, se deve ao fato de que estão muito mais habituados a escrever e ler o francês do que a escutá-lo. Não se trata, neste caso, da defasagem a que estamos habituados entre língua escrita e língua oral, redação literária e enunciado trivial: só está em causa aqui a descoberta do oral. A fim de poder identificar uma palavra no interior da frase pronunciada diante de um japonês – explicava-me essa colega, Naoko Morita –, é necessário, para aquele que ainda não pratica correntemente uma certa língua, primeiro realizar mentalmente a transcrição gráfica dessa palavra. A consequência disso é que, dizia-me ela, ao participarem de um mesmo estágio, estudantes italianos ou espanhóis, muito à vontade em uma prova de conversação em francês, se mostrarão em dificuldades quando tiverem de passar ao escrito, ao passo que japoneses do mesmo nível, para os quais a expressão oral francesa é lenta e difícil, a dominarão sem qualquer problema no escrito.

Essa história parece-me esclarecer de modo particularmente interessante, além da diferença que separa as técnicas pedagógicas em vigor na Europa e no Japão, o caráter fundamentalmente variável do modo de articulação entre o escrito e o oral privilegiado por cada cultura segundo o sistema de escrita que nela se pratica ou que ela escolheu.[1] A ortografia, para um japonês, não constitui obstáculo ao aprendizado do francês: ao contrário, ela o facilita. Mas é que a escrita japonesa não é de natureza alfabética – ou seja, baseada como a nossa em uma prioridade de princípio concedida ao valor fonético das letras –, ela se baseia essencialmente no que conviria chamar de *abordagem visual da língua*. Isso pode parecer evidente em se tratando dos *kanji*, ideogramas de origem chinesa cujo uso os japoneses retomaram para transcrever seus próprios termos lexicais. Seria necessário ainda determinar a esse respeito, a fim de evitar uma identificação

---

[1] Em *Vues de Kyôto*, encontram-se outros exemplos dessa diferença cultural que separa Europa e Japão, e que se baseia em uma relação oposta dos indivíduos com a fala e a visão. Cf. Christin. *Vues de Kyôto* (Lagarde-Fimarcon: Éditions le Capucin, 1999).

O signo em questão

abusiva entre tal prática e uma afetação arcaizante, que, ao serem passados do chinês ao japonês, esses ideogramas viram sua plasticidade referencial inicial enriquecer-se com uma gama de sutilezas visuais e semânticas cuja amplitude e diversidade são inconcebíveis para nós. No entanto, isso se dá com os *kana*, esses silabários puramente japoneses destinados, no momento pelo menos, à transcrição das partículas gramaticais ou das línguas estrangeiras. Gráfica e culturalmente, de fato, *hiragana* e *katakana*, embora correspondam à definição da escrita fonética mais estrita e mais "límpida" – muito mais do que a do alfabeto grego, que é, antes de tudo, fonológica –, têm, cada um, a capacidade de transmitir informações linguísticas que lhes são inteiramente específicas apenas pelo canal visual. Compreende-se, nessas condições, que os japoneses considerem necessário dedicar-se ao aprendizado do escrito, na medida em que os diferentes módulos que o compõem fazem dele um veículo verbal autônomo, uma atenção pelo menos igual à que reservam ao oral, e também que sintam como mais natural e mais fácil abordar as línguas estrangeiras pelo viés de suas transcrições gráficas.

Foi nessa especificidade do japonês que o linguista Motoki Tokieda baseou, nos anos 1940, sua crítica às teses saussurianas. Um dos motivos pelos quais o modelo estruturalista elaborado por Saussure lhe parecia inaceitável era de fato por ele não poder se aplicar à língua japonesa, já que, no caso do japonês, o signo escrito não pode ser considerado como um fenômeno secundário: ele participa plenamente da linguagem verbal. Opondo a uma teoria abstrata e sincrônica da língua a teoria da linguagem como *processo* "diacrônico, heterogêneo, mas contínuo", Tokieda situava a escrita na confluência do "processo de emissão do locutor" e do "processo de recepção do auditor", e lhe atribuía um lugar distinto tendo em vista que ela constituía uma "etapa de transmissão no espaço", diferente da transmissão acústica da língua, a única que Saussure levara em conta.[2]

Se a substituição de uma análise estrutural da língua por uma concepção diacrônica da linguagem, baseada no estudo do sujeito que fala, pode parecer, com justiça, uma opção frágil e discutível, merece toda a nossa atenção a observação de Tokieda segundo a qual devemos renunciar a raciocinar em termos de *homogeneidade* se quisermos integrar a escrita – desde que não a limitemos apenas à acepção alfabética – às manifestações não apenas semiológicas mas linguísticas com que ela tem a ver.

A posição de Saussure em relação aos sistemas de escrita de origem ideográfica é, na verdade, mais sutil do que sugere Tokieda. Certamente ele ignora a complexidade do sistema japonês, mas reconhece perfeitamente o que distingue de modo fundamental o ideograma e a letra alfabética, a partir do exemplo chinês, bem como suas vantagens:

> Para o chinês, o ideograma e a palavra falada são igualmente signos da ideia; para ele a escrita é uma segunda língua, e na conversa, quando duas palavras faladas têm o mesmo som, ocorre de ele recorrer à palavra escrita para explicar seu pensamento. Mas essa substituição, pelo fato de poder ser absoluta, não tem as mesmas conseqüências incômodas que em nossa escrita; as palavras chinesas dos diferentes dialetos

---

2 Tokieda. *Kokugogaku genron (Fondements d'une linguistique japonaise)*. Ver Garnier. Tokieda contre Saussure, pour une théorie du langage comme processus, p. 71-84.

O signo em questão

que correspondem a uma mesma ideia se incorporam igualmente bem ao mesmo signo gráfico.[3]

Também não escapa a Saussure que, se "a ortografia tradicional pode reivindicar seus direitos", isso é porque a imagem de uma palavra "adquire para nós um valor ideográfico", e ele admite que, "fora da ciência" – isto é, se se quiser levar em conta as necessidades práticas da leitura –, "a exatidão fonológica não é muito desejável".[4] Todavia, é evidente também que o sistema ideográfico o incomoda, e que ele o apresenta de tal maneira que sua originalidade fica marginalizada e ocultada em benefício do alfabeto e da fidelidade fonética de que se supõe estar esse sistema investido idealmente – ou pelo menos originalmente. Em sua descrição geral dos diferentes sistemas de escrita, depois de indicar que o ideograma representa uma palavra por "um signo único e *estranho aos sons de que ela se compõe*" – ignorância que, como vemos, não poderia constituir para ele uma qualidade –, Saussure passa diretamente ao sistema "fonético", em que distingue duas espécies, as escritas silábicas e as alfabéticas, tendo as segundas em relação às primeiras a vantagem de se "basearem nos elementos irredutíveis da fala".[5] É evidente que um progresso se inscreve na passagem de umas às outras, mesmo que sua sugestão seja feita apenas de maneira breve e indireta – tanto mais que falta a essa série o sistema de tipo semítico, que Saussure mencionará apenas vinte páginas adiante, e para guardar dele apenas a estrutura consonântica de superfície, em detrimento do aspecto semântico.[6] O linguista confirmará sua escolha um pouco mais tarde, ao admitir sua admiração pelo

---

3 Saussure. *Cours de linguistique générale*, p. 48.
4 Saussure. *Cours de linguistique générale*, p. 57.
5 Saussure. *Cours de linguistique générale*, p. 47. Grifo meu.
6 Saussure. *Cours de linguistique générale*, p. 65.

"alfabeto grego primitivo", em que "cada letra corresponde a um tempo homogêneo" – "princípio necessário e suficiente para uma boa escrita fonológica", acrescenta ele.[7] Uma tal confissão permite-nos compreender melhor as poucas linhas de conclusão que Saussure reservou para os ideogramas em sua apresentação de conjunto dos sistemas de escrita, e que parecem curiosamente evasivas: De resto, diz ele, "as escritas ideográficas se tornam sem dificuldade mistas: certos ideogramas, afastados de seu valor primeiro, acabam por representar sons isolados".[8] Devemos entender a partir disso que o alfabeto, aos olhos de Saussure, representa necessariamente para todos os sistemas, *inclusive o ideográfico*, uma forma de ideal quase irresistível. E quando se lê, na sequência do *Curso*, que a autonomia do signo linguístico – isto é, sua própria existência – tem a ver com a permanência de seu "valor" no interior do sistema em que se inscreve ("Fazendo parte de um sistema, [a palavra] está revestida não apenas de uma significação, mas também e sobretudo de um valor, *o que é coisa muito diferente*"),[9] parece que essa propensão do ideograma para modificar seu valor primeiro a fim de adotar o do alfabeto é a razão pela qual Saussure não julgou conveniente levá-lo em conta na comparação que faz entre signo linguístico e signo escrito: "Os valores da escrita só agem por sua oposição recíproca no seio de um sistema definido, composto por um número determinado de letras", afirma ele. É por isso que podem esclarecer o funcionamento da língua, já que *"na língua só existem diferenças"*.[10]

---

7 Saussure. *Cours de linguistique générale*, p. 64.
8 Saussure. *Cours de linguistique générale*, p. 47.
9 Saussure. *Cours de linguistique générale*, p. 159-160. Grifo meu.
10 Saussure. *Cours de linguistique générale*, p. 165. Em itálico no original.

Mas *qual* é realmente o primeiro aqui? O linguístico ou o escritural? Na origem da noção de "diferença" em que se baseia o conjunto da teoria saussuriana, é forçoso reconhecer que se encontra um modelo exterior à análise propriamente dita, isto é, concreta da língua, a oposição "vogal-consoante" que surgiu com o alfabeto grego e cuja aplicação feita aqui à linguagem constitui apenas uma das transformações entre as que se sucederam na Europa desde o século XVII nos diferentes campos científicos. Esse modelo é de tal modo fundamental no raciocínio de Saussure, e para a coerência de seu propósito, que ele o levou a estender sua validade de maneira inteiramente arbitrária a suportes que lhe eram estranhos. É assim que ele compara a língua, "sistema baseado na oposição psíquica [das] impressões acústicas", à tapeçaria, "obra de arte produzida pela *oposição visual* entre fios de cores diversas",[11] ao passo que o modo de relação das cores entre si é o do *contraste simultâneo* – a propósito do qual teremos oportunidade de constatar que desempenhou de fato papel decisivo na gênese do processo escritural. E é em nome desse mesmo modelo que o linguista se permite afastar deliberadamente das manifestações gráficas e visuais do alfabeto como se fossem desprovidas *a priori* de qualquer pertinência semiológica: "Quer eu escreva as letras em branco ou em preto, em baixo ou em alto relevo, com uma pena ou com um cinzel, isto não tem importância para sua significação", declara ele.[12]

Por mais anódina que possa ser, essa declaração traz para a natureza dos vínculos que unem semiologia saussuriana e alfabeto uma luz capital, pois nos revela que esses vínculos

---

11 Saussure. *Cours de linguistique générale*, p. 56. Grifo meu. Sobre os contrastes ópticos, ver Roque. *Art et science de la couleur*. Chevreul et les peintres.
12 Saussure. *Cours de linguistique générale*, p. 166.

não são apenas conceituais – na medida em que o caráter oposicional da letra sugeriu a Saussure a noção de "signo linguístico" –, mas, antes de tudo, ideológicos. Como se pode afirmar que as formas visuais da letra não têm qualquer valor significante – quando os *kana* japoneses, ao contrário, tiram sua necessidade verbal das nuances que eles exploram nelas –, a não ser porque o polo referencial eleito como decisivo é não a letra enquanto tal, escolhida em virtude dos *valores escritos* que lhe são próprios, mas o *sistema alfabético* compreendido como um produto da história e refletindo, consequentemente, uma opção sociocultural de alcance muito mais geral – mas igualmente impositiva de modo muito mais insidioso –, isto é, no caso, a de uma prioridade de princípio atribuída à fala em relação à comunicação visual? Devemos duvidar disso tanto menos quanto se encontra em Peirce, isto é, em um contexto semiótico muito diferente do de Saussure – e que reserva ao ideograma um lugar eminente em seu sistema fazendo dele um dos protótipos do *ícone* –, uma afirmação similar quando ele escreve: "&, *e* e o som formam todos uma única palavra",[13] anulando assim a pertinência de uma diferenciação gráfica dessa palavra que ele era, no entanto, o primeiro a destacar.

 O que constitui, tanto aos olhos de Peirce quanto aos de Saussure, o principal mérito do alfabeto é que ele ignora os valores visuais, isto é, *materiais*, da escrita, ao mesmo tempo que esta permanece como uma representação da língua ou mais exatamente – pois tal é o efeito mágico e traiçoeiramente enganador desse sistema – que faz com que nasça sua ilusão: não esqueçamos que a invenção da *mimesis* é contemporânea da definição que Platão apresenta para letra como *elemento*. E essa, de fato, é a originalidade paradoxal do alfabeto. Ela

13 Peirce. *Écrits sur le signe*, p. 31.

O signo em questão

não se apoia no fato de que as noções de "representação" e de "elemento" teriam revelado, enfim, graças a ele, seu caráter complementar, mas, ao contrário, de que ele as reúne pela primeira vez na história da escrita, sendo elas fundamentalmente antinômicas – e além do mais traem, em conjunto, a escrita. Do aparecimento do ideograma à sua última mutação no alfabeto semítico, é o *suporte gráfico do escrito* e o ato de leitura que ele suscita – ato físico tanto quanto intelectual – que permitem à escrita veicular um fato da língua. Se os linguistas ocidentais julgaram encontrar no alfabeto grego, a despeito de restrições espaciais ligadas ao escrito, que lhes pareciam, a um e a outro, acessórias e supérfluas, os valores imateriais que deviam permitir, para um, fazer da linguística o arquétipo da semiologia e, para outro, elaborar um projeto de semiótica autônoma, foi porque esse sistema, primeiro e único, se constituiu – sem dúvida de modo puramente acidental – com base na negação de seu próprio princípio de funcionamento. A leitura desse alfabeto pedia, como a de qualquer outra escrita (e Saussure compreendeu bem isso), uma abordagem necessariamente visual, mas esta não era mais indispensável, doravante – sem que, de resto, uma abordagem acústica se tivesse tornado mais indispensável para a definição mesma do signo proposto a essa leitura.

A primeira questão invocada por esse balanço é, evidentemente, a de saber em que esquema semiótico particular, em que mecanismo inédito de elaboração e de transmissão do sentido – e de um sentido verbalizável – se apoiam os sistemas de escrita que precederam nosso alfabeto e, antes (já que todos aqueles que o seguiram são oriundos diretamente dele), o sistema ideográfico.

O que é então um "ideograma"? Pode-se dizer que aquilo que o distingue essencialmente da letra grega é que, embora tenha, como ela, a aparência de um signo fixo, ele não o é, nem em sua definição estrita, nem em seus usos. Saussure teve a intuição disso ao observar a *natureza mutável* desse signo, que o faz mudar de valor e passar da representação de um sentido à de um som, mas era para a depreciar. Peirce, de seu lado, também a pressentiu e lhe deu, ao contrário, um lugar apreciável em seu sistema, dissociando o "qualissigno" de uma realidade exterior que ele apenas reproduziria, e assim lhe atribuindo uma anterioridade axiomática em relação a toda "representação". Todavia, signo saussuriano oposicional e "legissigno" peirciano se apoiam ambos no *a priori* segundo o qual toda semiótica deve ser, antes de tudo, e simultaneamente, abstrata e coerente, o que implica que ela tem uma homogeneidade sem falha, e exclui a menor intervenção exterior em seu sistema. Para um como para outro, o "exterior" só poderia constituir, de fato, um *referente*: e o referente não tem lugar nas semióticas que eles conceberam.

Ora, é porque o *exterior do sentido* é plenamente *ator* no sistema a que pertence o ideograma que este apresenta a originalidade perturbadora de ser "mutável". É na medida em que sua existência enquanto signo é indissociável daquela material e espacial de seu suporte que ele pode propor valores entre os quais o olhar do leitor ficará livre para escolher – liberdade limitada, todavia, a certas opções codificadas antecipadamente, assim como os valores da letra serão restringidos, muito mais tarde, aos de "vogais" e "consoantes", mas por motivos inteiramente diferentes. Essa particularidade não tinha escapado a Clemente de Alexandria, que observava o seguinte em sua descrição dos hieróglifos: "[os egípcios] escrevem de maneira trópica, desviando o sentido e transpondo os signos, com vista a uma certa relação (...). Assim, desejando transmitir os louvores aos reis por mitos religiosos, eles os inscrevem em baixos-relevos".[14] Mas para ele só se tratava de uma verificação puramente fortuita; ele não estabelecia qualquer vínculo entre o fato de que os textos sagrados egípcios deviam ser gravados em pedra e os diferentes níveis de sentido do sistema hieroglífico, tal, pelo menos, como ele pensava tê-los identificado.

Para Clemente de Alexandria, esses níveis, que ele define como "ciriológico" (que exprime as coisas exclusivamente), "trópico" e "simbólico", constituem apenas variantes no interior de uma estrutura cujo princípio diretor único é o da *representação*: o caráter figurativo dos hieróglifos, tanto quanto a vocação significante do alfabeto, só podiam levá-lo a essa hipótese. Ela apresentava, além disso, a vantagem de manter o sistema ideográfico na movência íntima do alfabeto, de modo que ele podia aparecer, naturalmente, ora como sua versão degradada, ora como seu precursor. A descoberta feita por Champollion, no início do século XIX, de que os hieróglifos tinham sido igualmente empregados pelos egípcios para transcrever sons da língua – isto é, independentemente de qualquer intenção analógica – devia repor radicalmente em questão esse esquema, bem como as interpretações que foram deduzidas a partir dele de modo mais ou menos direto no correr dos séculos. Ela devia igualmente estar na origem de uma análise inteiramente diferente das variantes funcionais do ideograma, que não associaria mais essas variantes às transformações da *mimesis*, mas aos modos de articulação da linguagem com o visível. Longe de situar todas em um mesmo nível, cada uma

---

14 Alexandria, Clemente de (*Os estromatos*, V, 4 20-21) citado em Christin. *L'image écrite ou la déraison graphique*, p. 61.

iria corresponder a um objetivo específico, no quadro de uma estratégia global e combinada de investimentos da língua pela imagem. Era nelas que se apoiava doravante o sistema ideográfico, cujo caráter fundamentalmente paradoxal era revelado por elas, já que se tratava de um sistema heterogêneo e ao mesmo tempo perfeitamente coerente. Que esse sistema tenha sido eficaz não nos é provado apenas por sua permanência até nossos dias no interior do "mundo sinizado", mas, antes, pelo fato de que se formou de maneira idêntica em civilizações muito diferentes. Quer seja na Mesopotâmia, no Egito ou na China, de fato cada ideograma pode em princípio assumir alternativamente, segundo o contexto em que aparece, três funções que são sempre as mesmas: a de "logograma", ou seja, de signo gráfico que faz referência a uma palavra ou a um campo lexical dado (seja, por exemplo, a palavra *taon* [moscardo], que remete a uma categoria particular de inseto), a de "fonograma" – valor verbal fonético, quer se trate de uma palavra ou de uma sílaba, e até mesmo da consoante que inicia essa sílaba, oriunda por homofonia do logograma que lhe corresponde (como *temps* [tempo] ou *tant* [tanto] podem ser em relação a *taon*) –, ou, enfim, a função de "determinativo" – como seria, por exemplo, a utilização do signo *taon* sem que este seja pronunciado, para esclarecer a pronúncia e o sentido de um caractere vizinho, que se poderia ler, graças a ele, como *abeille* [abelha].

Nossa civilização sempre buscou enfatizar os vínculos que o ideograma mantém com o pictograma: na medida em que o pictograma foi concebido por ela como uma espécie de "representação verbal mínima", ela deduziu que havia uma filiação natural de um a outro, da qual teria nascido a escrita. Na realidade, porém, é o *determinativo* que é decisivo no sistema ideográfico. E é apenas ele que permite compreender o aparecimento da escrita. De resto, é significativo que, totalmente ignorado pela civilização do alfabeto, esse determinativo seja, ao contrário (com o nome, em francês, de *clé* [chave]), o elemento central da escrita chinesa, em que a maior parte do vocabulário escrito é constituída por "ideofonogramas", caracteres mistos que combinam uma "chave" e um fonograma. Em oposição ao pictograma, o determinativo não serve para transcrever visualmente uma palavra que se pronuncia, ele é *a presença gráfica dessa palavra, com abstração de sua enunciação*. Se pode ser considerado como a "figura" de uma palavra, tal não se dá no sentido em que ele representaria essa palavra (e ainda menos em que representaria a *coisa* "dita" por essa palavra – como com frequência se define, de modo inteiramente errado, o pictograma), mas porque ele *autoriza essa palavra a integrar o espaço icônico*, a fazer sentido pela visão. A invenção da leitura – ato de nascimento do texto escrito – só se justifica por ele. Sua originalidade – e sua utilidade – fundamental é ter permitido à língua beneficiar-se dessa ancoragem insólita do *mesmo no mesmo* que caracteriza a imagem, e que a lei do *contraste simultâneo* traduz de modo global e concreto ao mesmo tempo. A *permutação* – essa lei de oposição termo a termo que encontramos na origem do alfabeto grego e da definição saussuriana do signo – é constitutiva do funcionamento linguageiro. A *contaminação* determina, por sua vez, o funcionamento do pensamento visual. Pois Chevreul já o tinha compreendido bem: uma cor não "modifica" sua vizinha por um efeito mecânico, mas em razão da implicação psíquica, mesmo que esta seja apenas óptica, daquele que as observa lado a lado. A exploração que disso foi feita pelos pintores confirma a importância desse efeito e seu valor criativo. A *Tempestade*, de Giorgione, e o *Canto de amor*, de De Chirico, que fascinou Magritte, são testemunhos extremos, por sua audácia, do dinamismo icônico nascido do confronto do imaginário com esse elemento ao mesmo tempo supremo e anônimo – pois não tem a ver com suas figuras, mas com seus *vazios* – do espaço pictórico: o *intervalo*.[15] Do intervalo que separa as figuras nascem as interrogações – e as respostas –, umas e outras tão imprevisíveis e diversas quanto são os fantasmas de cada um. O achado constituído pela invenção do determinativo – e que faz dele o eixo fundador do sistema ideográfico em seu conjunto – é que tenhamos chegado, graças a ele, a explorar essa *deriva necessária* do imaginário visual de tal modo que se possa introduzir na imagem um elemento tomado de empréstimo a um imaginário diferente, o das palavras – e que não seria uma "palavra", mas, mais precisamente, ou mais sutilmente, sua *memória*. Se o ideograma é por princípio um signo suscetível de mudar de valor, é porque ele só poderia legitimamente funcionar como substituto verbal com a condição de ter sido reconhecido antes como *signo visual*, isto é, de só ser identificável por meio de sua *associação simultânea* com outros signos sobre o suporte que lhes é comum. Diferentemente do signo saussuriano, que determina e controla antecipadamente – já que atua no abstrato – seus agenciamentos atuais e futuros, o ideograma só se impõe no contexto vago de sua dependência factual, primeiro refém do sistema de que ele, no entanto, é o iniciador.

"Não posso jogar com signos que nunca mudam", dizia Matisse para explicar sua aversão em relação ao jogo de xadrez. É estranho que o pintor tenha utilizado o mesmo exemplo que

---

[15] Tentei mostrar o papel semântico do intervalo em pintura e em literatura em *Poétique du blanc*: vide et intervalle dans la civilisation de l'alphabet (Leuven: Peeters; Paris: Vrin, 2000).

O signo em questão

Saussure para definir seu modo de relação com os signos. Mas não nos poderia espantar que ambos o explorem de maneira contraditória. Saussure, por meio do exemplo do jogo de xadrez, busca *anexar o espaço* a uma causa cujo eixo, cristalizado na letra alfabética, é esse elemento fixo e puro da língua que deve sustentar a elaboração de sistemas semiológicos impecáveis. Aos olhos de Matisse, ao contrário, a flutuação de um signo é evidência e necessidade, porque é, antes de tudo, a do espaço pictórico onde ele *age*. Sobre a folha branca, "a enternecedora brancura do papel", como ele diz, o signo, definido por "sua importância em relação a outrem", isto é, seu *efeito* mais que sua *representação*, é indissociável não apenas do sentimento do artista em relação a seu lugar, mas também, e mais ainda, do contexto em que se inscreve. Assim, ele encontra espontaneamente no signo, como ele "o entende", os três valores do ideograma. Signo de palavra – isto é, de um objeto que não seja apenas um objeto, mas está impregnado, como que em acúmulo, por um valor mental específico –, ele o é sob a forma dessa imagem-síntese que a técnica do papel cortado permitiu a Matisse estilizar da maneira mais eficaz e mais livre. O arabesco, de que o pintor fala igualmente como se fosse um signo, que "faz de todas as frases apenas uma frase", diz ele, corresponde ao fonograma, graças à sua dupla função, ao mesmo tempo abstrata e realista, que o põe como que em recuo diante da representação. Sem dúvida, porém, é a função de "determinativo" do ideograma que melhor ilumina as intenções do pintor, quando ele fala dessa "indicação sumária do caráter de uma coisa" que permite a um artista como Delacroix, ou a ele próprio, fazer a economia do "retrato" de uma forma secundária, a de uma mão por exemplo, em certas composições monumentais, a fim de preservar a dominante estrutural do conjunto.[16]

O ideograma constitui, portanto, um "modelo semiótico" no sentido estrito do termo. Confirmam-no a abordagem do signo segundo Matisse, que acabo de esboçar aqui, e outras que pude fazer mais longamente, como, por exemplo, a da "escrita segundo Magritte":[17] é por meio dessa noção, certamente flutuante mas todavia fundamentalmente geradora de *sistema* – um sistema comparável, talvez, ao que chamamos "estilo" num pintor ou escritor – que devem ser analisadas certas obras de arte *intencionais,* isto é, aquelas que visam não ao puro prazer da obra, mas ao de *situar essa obra em ruptura* no tocante a outras. Habituamo-nos a acreditar, e a dizer, que a imagem nos "olha", e mesmo que ela nos "fala", o que não passa de puro abuso de palavras nos dois casos, já que a liberdade e o poder da imagem residem em seu mutismo, e já que ela se torna *reveladora* para nós na medida, precisamente, em que nos ignora. Essa imagem, no entanto, também pode ser *calculada, cifrada antecipadamente,* não no sentido em que ela própria seria decifrável, mas em que ela nos proporia uma chave para ter acesso a esse mundo visível cujas lições – como as felicidades – estão tão afastadas das da fala. É o que a invenção da escrita prova: assim, é necessariamente passando por ela que poderemos encontrar essa chave perdida – a menos que ela nos tenha sido roubada.

Tradução de Júlio Castañon Guimarães

---

16 Matisse. *Écrits et propos sur l'art*, p. 248 e 251.
17 Christin. L'écriture selon Magritte, p. 96-100. Ver também Christin. Narration and Visual Thought: Philippe Clerc's Revues-Images, p. 131-157.

Referências

CHRISTIN, Anne-Marie. *Vues de Kyôto*. Lagarde-Fimarcon: Éditions le Capucin, 1999.

CHRISTIN, Anne-Marie. L'écriture selon Magritte. Mélanges Philippe Minguet. *Art & Fact*, n. 18, 1999, Université de Liège, p. 96-100.

CHRISTIN, Anne-Marie. *L'Image écrite ou la déraison graphique*. Paris: Flammarion, 1995.

CHRISTIN, Anne-Marie. Narration and Visual Thought: Philippe Clerc's Revues-Images. *Conjunctions, Verbal-Visual Relations*, San Diego University Press, 1997, p. 131-157.

CHRISTIN, Anne-Marie. *Poétique du blanc*: vide et intervalle dans la civilisation de l'alphabet. Leuven: Peeters; Paris: Vrin, 2000.

GARNIER, Catherine. Tokieda contre Saussure, pour une théorie du langage comme processus. *Langages*, 68, dez. 82, p. 71-84.

MATISSE, Henri. *Écrits et propos sur l'art*. Paris: Hermann, 1972.

PEIRCE, Charles S. *Écrits sur le signe*. Paris: Seuil, 1978.

ROQUE, Georges. *Art et science de la couleur*. Chevreul et les peintres. Éditions Jacqueline Chambon, 1997.

SAUSSURE, Ferdinand de. *Cours de linguistique générale*. Paris: Payot, 1969 [1915].

TOKIEDA, Motoki. *Kokugogaku genron (Fondements d'une linguistique japonaise)*. Tokyo: Iwanami-Shoten, 1941.

A escrita segundo Magritte

Em 1938, referindo-se aos quadros que pintara no período de 1926 a 1936, Magritte declarou que se tratava do "resultado da busca sistemática de um efeito perturbador que, obtido pela encenação de objetos emprestados à realidade, devolveria naturalmente ao mundo real (...) um sentido poético perturbador".[1] Sabe-se que o desejo de se lançar nessa investigação surgiu em 1922, quando um amigo mostrou-lhe a reprodução de *O canto de amor*, de Giorgio de Chirico, que associa, numa mesma imagem, a luva de um cirurgião e o rosto de uma estátua antiga.

Após essa declaração, Magritte elaborou a lista dos procedimentos utilizados por ele a fim de "obrigar os objetos a se tornarem enfim sensacionais e estabelecerem um contato profundo entre a consciência e o mundo". Essa lista surpreende pelo seu caráter heteróclito: refere-se tanto à escolha ou natureza dos objetos em si mesmos quanto "ao aproveitamento de ideias dadas pelos amigos", "à representação de algumas visões do adormecer" ou ainda "ao emprego de palavras associadas às imagens; ou seja, a falsa denominação de um objeto".

1 Magritte. La Ligne de vie, p. 46. Conferência apresentada em Anvers, em 20 nov. 1938, publicada por Sylvester, D. e Whitfield, S. sob o título "La Conférence perdue de Magritte" no catálogo da exposição *René Magritte 1898-1967*, Musées Royaux des Beaux-Arts de Belgique (Ludion; Flammarion, 1998).

Como, e em virtude de quais princípios, a intervenção de nomes ou de palavras no interior de uma imagem pode ter tido uma função numa investigação pictural que se preocupava apenas com os objetos? De 1927 a 1931, Magritte aplicou regularmente o método de associações de palavras a figuras e, de 1928 a 1929, ele o fez de maneira sistemática, pois das quarenta e duas obras "mistas" catalogadas nesse período, trinta e duas foram realizadas durante esses dois anos – vinte em 1928 e doze em 1929 –, contra seis em 1927, três em 1930 e uma em 1931.[2] O fato de Magritte ter, logo em seguida, abandonado quase inteiramente esse tipo de criação parece não ter suscitado nenhum comentário de sua parte – o que constitui também um outro aspecto insólito dessa produção. Em dezembro de 1929, foi publicado, na *Révolution surréaliste*, "Les mots et les images" [As palavras e as imagens], um artigo em que o artista acrescentou uma dimensão teórica à sua investigação.[3] Devemos então concluir que esse artigo teria representado para ele uma espécie de ponto final, para além do qual essa experiência teria perdido sua necessidade ou seu sentido? Em todo caso, seria um equívoco supor que a relação do quadro com o seu título, que Magritte também evoca em sua conferência de 1938, lhe tenha surgido na época como a única resposta possível para o enigma das palavras e das imagens. A maneira como ele descreve essa relação, sem atribuí-la a si próprio, prova que, nessa época, não se trata do mesmo procedimento:

> Paul Nougé observa também [declara Magritte] que os títulos dos meus quadros são uma comodidade para a conversação e que eles não são explicações. Os títulos são escolhidos de tal

---

2 Essas precisões foram tomadas a Leen. Un rasoir est un rasoir, p. 24.
3 Magritte. Les mots et les images, p. 32-33.

A escrita segundo Magritte

maneira que eles impedem de situar meus quadros numa região tranquilizadora à qual o desenrolar automático do pensamento o conduziria, a fim de não se inquietar.[4]

Trata-se aí de uma definição que não é somente pretensiosa, mas bastante vaga e que poderia se aplicar, quase nos mesmos termos, aos títulos de todos os pintores dessa primeira metade do século XX – a começar por De Chirico –, que procuraram instaurar entre a arte e a literatura um descompasso ao mesmo tempo prudente e amoroso. De impacto mais significativo é a definição que Magritte propõe aos seus títulos numa entrevista concedida a Jan Walravens, em 1962: "O título mantém com as figuras pintadas a mesma relação que essas figuras mantêm entre si", diz ele.[5] Aqui, o título não aparece mais como exterior ao quadro e, portanto, suscetível de desempenhar a mesma função, qualquer que seja o autor desse quadro: ele se encontra tão explicitamente integrado a um sistema figural considerado por Magritte como sendo o seu próprio a ponto de parecer se situar nas margens apenas por acidente, ou convenção.

Em 1931, Magritte abandonou o procedimento pictural de associação de nomes aos objetos que havia privilegiado em 1927.[6] Não por esgotamento ou impotência e sim porque as lições que havia tirado dessa experiência foram tamanhas que lhe permitiram prossegui-la de forma semelhante a partir desse ponto, *mesmo dispensando os nomes,* pois não era sobre esses nomes que ela estava fundada, mas sobre a interrogação de sua escrita.

---

4 Magritte. La Ligne de vie, p. 46-47.
5 Walravens. Rencontre avec Magritte, p. 537.
6 Como foi dito, não se trata de um abandono total. Mas esse procedimento utilizado por Magritte é encontrado apenas nos croquis ou nos quadros como *Le Rêve,* de 1950, onde a letra tornou-se ela própria um objeto.

De fato, não foi sem propósito que Magritte concebeu "As palavras e as imagens" como uma série alternada de aforismos e desenhos. Nesse ensaio, a alternância não obedece à severa hierarquia que rege texto e imagem à qual séculos de prática livresca nos habituaram; um tendo que servir de legenda ao outro – ou, inversamente, o outro servindo de ilustração ao primeiro. Ela repousa sobre uma evidência que nossa cultura do verbo quis nos fazer esquecer, ou seja, que textos e imagens dividem um mesmo suporte e, se a escrita existe, é porque ela soube combinar sobre a superfície – de onde, um dia, nasceram as imagens – algumas informações linguísticas que ainda lhes eram estranhas, mas que se mostravam também capazes de completá-las, ou esclarecê-las.

Uma das maiores consequências ligadas à escolha de tal estrutura é que as palavras que Magritte utiliza nesse ensaio não devem ser interpretadas de maneira puramente textual, mas em função de sua relação com a imagem que as sucede. É o caso, por exemplo, da palavra "objeto", que serve aqui não para designar uma realidade exterior, mas a representação gráfica que desenha esse objeto e lhe dá uma natureza e um estilo que influenciam seu valor verbal – como confirma, *a contrario*, a proposição 6,[7] na qual Magritte sentiu necessidade de precisar: "Uma palavra pode tomar lugar de um objeto *na realidade*".[8] Da mesma maneira, dentro desse contexto, a palavra "nome" não significa simplesmente a sua forma verbal correspondente, ela se apoia na transcrição visual que tal imagem particular lhe impõe e que pode ser bastante variável: legenda (proposição

---

7 [N. T.] As dezoito proposições de Magritte, tal como constam de "Les mots et les images", não são numeradas. Para identificá-las em seu ensaio, a autora Anne-Marie Christin optou por numerá-las, seguindo a ordem vertical em que aparecem, isto é, dispostas em três colunas.
8 Grifo nosso.

A escrita segundo Magritte

1), inscrição supostamente "objetiva" (proposição 4), balão de quadrinhos (proposições 6 e 14), ou até mesmo forma gráfica produzida como que espontaneamente pela palavra que "se autodesigna" (a nuvem – "céu" da proposição 3).

Fig. 2 – René Magritte. Les mots et les images.
La Révolution surréaliste, n. 12, p. 32-33, 1929.

O que "As palavras e as imagens" demonstra – embora não se possa falar aqui no sentido estrito de demonstração, mas apenas de uma intuição de *imagier, um "fazedor de imagens"* – é que, segundo Magritte, a problemática do "objeto" se reporta menos à da *representação*, quer seja ela icônica ou verbal, do que à da *leitura*. De fato, é notável que, dentre os diferentes exemplos catalogados pelo pintor, aqueles que concernem à "realidade" jamais evocam esta realidade – excetuando-se, talvez, as proposições 2 e 8 –, como se ela permanecesse exterior às convenções espaciais da imagem, mas de tal maneira que sejamos obrigados a admitir, inversamente, que tal realidade só se determina a partir dessas convenções espaciais ou em seu âmbito mais próximo.

Nesse sentido, as proposições 9 e 15 são as mais explícitas. A primeira foi construída em forma de paradoxo, o que a torna ainda mais surpreendente. Assim, ao aforismo: "Tudo faz pensar que há pouca relação entre um objeto e aquilo que o representa", correspondem, efetivamente, dois desenhos rigorosamente idênticos que evocam uma casa cercada de árvores. A distinção é feita apenas por suas legendas – "o objeto real" e "o objeto representado" –, tendo sido acrescido à segunda legenda um pequeno traço, visando a provar que ela se encontra convenientemente escrita *a respeito de uma imagem*. Menos provocadora em sua forma, já que texto e imagem se fazem mutuamente eco, a proposição 15 vale pela evidência insólita que ela opõe ao realismo da percepção dita ingênua. "Os contornos visíveis dos objetos na realidade se tocam como se formassem um mosaico", afirma o texto. Ao que responde um desenho que não somente dá sua caução a essa proposição como também é capaz de evidenciar, para o leitor, o poder da imagem contido nesse simples traço, fluido e neutro,

A escrita segundo Magritte

unindo sobre uma mesma superfície os perfis de um homem e de uma nuvem, porque só ele pode oferecer ao mosaico, que a aparência efêmera das coisas sugere, a sustentação espacial necessária à fixação de sua metamorfose, tornando-as "enfim sensacionais".

Na conferência de 1938, Magritte sublinha a importância de ter descoberto que "a própria abstração também caracterizava o mundo real",

> (...) pois apesar das combinações complicadas de detalhes e de nuanças de uma paisagem real, eu poderia vê-la [explica ele] como se a paisagem fosse apenas uma cortina colocada diante de meus olhos. Fiquei incerto quanto à profundidade dos campos e muito pouco convencido quanto ao afastamento azul-claro do horizonte, a experiência imediata situando-o simplesmente à altura de meus olhos.[9]

Ter encontrado a confirmação dessa impressão na *Introduction à la méthode de Léonard de Vinci* [Introdução ao método de Leonardo da Vinci], de Paul Valéry, assim como ele mesmo observa, certamente influiu na evolução de suas investigações.

> A maior parte das pessoas veem com mais frequência pelo intelecto do que pelos olhos, escreveu Valéry. Ao invés de espaços coloridos, elas apreendem conceitos. (...) Não fazem nem desfazem nada em suas sensações. Sabendo que o nível das águas tranquilas está na horizontal, elas negam que o mar está *de pé* ao fundo da paisagem.[10]

---

9 Magritte. La Ligne de vie, p. 45.
10 Valéry. Introduction à la méthode de Léonard de Vinci, p. 1.165-1.166.

Ao dar um fundamento conceitual ao realismo da percepção "ingênua", Valéry associou o poder das palavras ("eles se regalam de um conceito fervilhante de palavras", escrevia ele) ao poder do pensamento visual, na medida em que os apresenta em rivalidade direta um com o outro. No horizonte do projeto de Magritte de fazer da pintura uma arte da revelação, a linguagem se impunha então como um desvio problemático, mas inevitável.

> Eu precisava agora animar esse mundo que, mesmo em movimento, não possuía profundidade e tinha perdido toda a consistência. Imaginei então que os próprios objetos deviam *revelar eloquentemente suas existências* e busquei um modo de tornar manifesta a realidade.

A própria fórmula aponta as ambiguidades e os obstáculos contra os quais tal tentativa devia necessariamente se chocar.[11]

A proposição 14 de "As palavras e as imagens" – "Um objeto nunca tem a mesma função que seu nome ou que a sua imagem" –, onde aparecem em sequência, da esquerda para a direita, um cavalo desenhado de perfil, um quadro apoiado sobre um cavalete representando esse mesmo cavalo e, no primeiro plano, um homem pronunciando a palavra "cavalo", inscrita num balão que sai de seus lábios, constitui uma espécie de programa avaliativo do método de Magritte nesses anos de investigação e de transição. O lugar central reservado dentro da imagem ao quadro, representado sob sua forma mais acadêmica, incita à comparação desse método com aquele que Alberti preconizava: "Em primeiro lugar, eu desenho sobre a superfície a ser pintada um quadrilátero do tamanho desejado, o que é para mim uma janela aberta

---

11 Magritte. La Ligne de vie, p. 45. Grifo nosso.

A escrita segundo Magritte

através da qual podemos ver a história. E é nele que determino o tamanho que quero dar aos homens na minha pintura".[12] Vemos que, em ambos os casos, o ato inicial da pintura consiste em delimitar no plano da superfície visual uma determinada estrutura geométrica. Entretanto, enquanto Alberti considera essa estrutura como transparente ou invisível, Magritte, ao contrário, não só coloca em evidência a matéria de seu suporte, enfatizando com seu desenho o aspecto físico do quadro, como também avizinha sua estrutura de um outro tipo de suporte, muito diferente do anterior, tanto por sua forma quanto por sua função: o balão do quadrinho, essa figura na qual *uma palavra se escreve*. As proposições 11 e 12 do mesmo artigo provam que não se trata de um acréscimo de fantasia. A frase que diz: "Em um quadro, as palavras são da mesma substância que as imagens", fazendo-se acompanhar de um desenho traçado com a mesma linha contínua da proposição 15, mas se encadeando na transcrição manuscrita de duas sílabas, somada à outra proposição, ilustrada pelo desenho de uma flor sobre a qual está escrito "montanha", que afirma: "Vemos de maneira diferente as imagens e as palavras em um quadro", testemunham, ambas, a atenção aguda por parte do pintor em relação às condições de transferência da palavra para a imagem e sua intuição de que a palavra tinha aí um lugar legítimo, mas com a condição de se dobrar às exigências gráficas próprias da escrita, que concernem, ao mesmo tempo, ao seu suporte, à natureza de seu sistema e ao seu estilo.

A partir daí podemos compreender por que Magritte decidiu introduzir um balão em sua composição. Assim como os filactérios dos manuscritos medievais, o balão é *um índice icônico de enunciação*, uma forma que serve de intermediário,

12 Alberti. *De la Peinture*, p. 115.

na representação das palavras, entre o universo da palavra onde elas foram emitidas e aquele da imagem que as acolhe (como o mostra, de certa maneira, a proposição 6: "Uma palavra pode tomar o lugar de um objeto na realidade", onde vemos uma mulher dizer "o sol" no interior de um balão). Certamente, não foi por acaso que Magritte elegeu a forma contemporânea do balão ao invés do filactério, pois sabemos que raramente ela era empregada nos quadrinhos europeus, em que, por tradição, se preferia escrever os textos abaixo das imagens. Teria ele descoberto o balão com Alain Saint-Ogan, que foi quem começou a utilizá-lo de modo sistemático justamente em 1925, com a série *Zig et Puce*? Ou ele já o conhecia de muito antes pelos quadrinhos americanos, sendo um amante das aventuras de Nick Carter? Seja o que for, essa forma devia fazer parte do conjunto de suas lembranças infantis, em que se misturavam, no seu balaio de maravilhas, palavras e imagens com todas as espécies de objetos mágicos, dentre os quais certamente as estampas de abecedário, em que a contemplação de um zoológico de figuras heteróclitas acompanha o perturbador exercício da decomposição das palavras em letras e em sílabas, além da celebração caligráfica do alfabeto. O balão de Magritte tem de fato algo de singular, pois, contrariamente à prática habitual dos quadrinistas, suas palavras não estão escritas em letras maiúsculas, inspiradas na tipografia, mas numa caligrafia manuscrita, cujas curvas cuidadosamente alinhadas não deixam de recordar a própria caligrafia do pintor. Escrita que aparenta ser aquela da intimidade verbal, a imagem de uma experiência cotidiana das palavras, além ou aquém do que se esperaria normalmente dela: a anotação literal de um nome. Esse achado, por mais discreto que seja, não deixa de

A escrita segundo Magritte

corresponder também a uma abordagem intencional.¹³ Com efeito, não foi apenas nos quadrinhos ou nos abecedários de sua infância que Magritte pôde constatar que a associação de letras com imagens obedecia a uma necessidade que não era funcional, e sim criativa. Ele o descobriu também nos cartazes, tanto nos de rua quanto naqueles que ele mesmo criara quando se engajou em uma nova aventura pictural. Há muitas décadas que a letra já havia adquirido, nos cartazes, o direito de se integrar à imagem, por meio de um retorno mais ou menos consciente ou confesso da civilização do alfabeto às civilizações do ideograma, especialmente ao Japão, onde tais combinações são costumeiras.¹⁴ Mas nos cartazes dos anos 1920, onde predominava a estética cubista, essa letra só era exposta em maiúsculas rígidas e angulosas: o próprio Magritte a trata assim no *Cinéma bleu* [Cinema Azul], de 1925. Ele só se libertará desse modelo nos guaches publicitários criados para a casa de alta-costura Norine. Para ele, transpor a caligrafia dos abecedários de sua infância para os balões dos quadrinhos não significava apenas uma maneira de traduzir visualmente a experiência íntima de uma palavra. Significava também liberar a escrita das limitações impostas pelo impresso, às quais o cartaz ainda a mantinha presa, abri-la a um *pensamento da escrita* cujo sistema ainda deveria ser criado, ou pelo menos redescoberto, à luz das imagens.

O quadro e o balão de Magritte introduziram no espaço da pintura clássica duas formas-tipo que perturbavam profundamente sua coerência e sua lógica. O ensaio "As palavras

---

13 A análise dessa escolha gráfica viria a ser completada pela do modo variável da denominação dos objetos utilizado por Magritte, sendo o nome precedido ou não de um artigo, com a letra inicial escrita ou não em maiúsculas.
14 Sobre esse assunto, permito-me remeter a meu livro *L'Image écrite ou la déraison graphique*, em especial ao capítulo "La Lettre et l'affiche", p. 153-170.

e as imagens" coloca em evidência, sobretudo, os desvios temáticos causados pela intervenção do balão, cuja função de suporte escrito o tornava virtualmente apto a se moldar aos mais diversos objetos, reais ou imaginários; aliás, foi ele que deu origem a objetos como "o cachimbo", de 1928. Foi, sem dúvida, a partir do balão e de sua filiação obscura com a leveza das cortinas que assombram seus primeiros quadros que o tema dos objetos em via de metamorfose se impôs na obra do pintor.[15] Quanto ao motivo do quadro – que mais tarde se tornará também um tema primordial, o da *Condition humaine* [Condição humana] –, esse tema se combinou a painéis de madeira recobrindo o rodapé das paredes e também ao motivo do caixotão para introduzir um ritmo visual inédito nas imagens desse período, ou seja, o ritmo do espaço compartimentado onde as figuras são apresentadas. As duas versões de *La clef des songes* [A chave dos sonhos], de 1927 e de 1930, lhe devem não apenas sua composição original, mas também uma relação às coisas que, mesmo permanecendo ligadas ao jogo do desvio do nome, marcam uma etapa da reflexão de Magritte a respeito da escrita que o engajava numa nova direção. Reproduzindo a estrutura das estampas dos abecedários, mas substituindo suas imagens pelas de objetos que parecem flutuar em estantes de uma biblioteca, esses dois

---

15 Magritte escreveu a Paul Nougé em 1927: "Descobri uma nova possibilidade das coisas: a de tornarem-se gradativamente outra coisa, um objeto *se funde* em outro objeto, diferente dele próprio. Por exemplo, o céu, em certos lugares, deixa aparecer a madeira. Parece-me que não se trata de um objeto composto, uma vez que não há ruptura entre as duas matérias, nem de limite. Eu obtenho, por meio desse recurso, quadros em que o olhar 'deve pensar' de outra forma, diferente da habitual (...). Chamo esses últimos de: *L'illusion modèle* [A ilusão modelo], *Le centre de la nature* [O centro da natureza], *La base du silence* [A base do silêncio], *L'expérience du miracle* [A experiência do milagre]...". Citado por Ollinger-Zinque. La culture des idées, p. 21.

A escrita segundo Magritte

quadros representam o início de uma investigação em que o objeto não se encontra mais ligado ao seu nome porque dividem o mesmo suporte, e sim porque é dotado de uma autonomia equivalente, a qual o torna completamente independente. Essa distância que se cria entre o objeto e o nome fica ainda mais evidente, uma vez que o nome utilizado para designar cada objeto permanece submetido às regras do sistema alfabético, para o qual a palavra deve ser como uma espécie de enigma, ao mesmo tempo definitivo e abstrato, mas que também o obriga a permanecer na superfície do quadro, sem ponto de apoio sobre os relevos ou sobre a sua aparente profundidade. Esse contraste, já sensível nos abecedários, em que ao realismo do animal ou do objeto figurado se opõe o recorte literal de palavras errantes na superfície da página e que só podem ser compreendidas depois que as pronunciamos, ainda não é explorado nesse contexto. Nesses quadros, ao contrário, o contraste constitui um desafio central: ao lado da palavra escrita em letras do alfabeto, signo arbitrário e artificial que só pode se tornar "visual" por meio de seu estilo gráfico, não é, de fato, a simples representação de um objeto que descobrimos, mas um signo concorrente de seu próprio nome, o sinônimo dessa palavra dentro de uma outra língua escrita, uma figura-objeto tornada signo graças à sua calibragem no espaço onde foi colocada e que assim a liberou de todo contexto, funcional ou anedótico, que poderia ligá-la ao real.

Essa segunda descoberta de Magritte não apenas é mais espetacular como também ainda mais original do que a primeira. De fato, parece-nos que, longe de impedir sua mutação em signo, a representação realista de um objeto, ao contrário, a facilitaria, como se o fato de deixar o mundo das aparências para entrar numa categoria do visível que melhor se presta ao conceito – como tão bem compreendeu Valéry – também tivesse tornado esse objeto mais acessível ao jogo do livre pensar. Mas, sem dúvida, sua "impregnação realista" não foi suficiente por si só. Foi preciso, além disso, instaurar uma discordância contextual entre esse objeto e seu suporte, a qual se devia, ao mesmo tempo, à heterogeneidade do lugar onde havia sido colocado, levando-se em conta o seu uso habitual – não se coloca um sapato ou uma bolsa em uma estante de livros – e à uniformização arbitrária de suas proporções em relação às de seus vizinhos – um ovo raramente possui o mesmo tamanho de um chapéu.

O processo que originou a escrita hieroglífica egípcia é exatamente da mesma ordem: ele também se apoia em signos escolhidos dentre as representações de *realia* concebidas pelos pintores e escultores com fins anedóticos, mas que foram deslocados para um suporte estranho e submetidos a uma calibragem que incita o espectador a relacioná-los diretamente aos signos vizinhos. Mas o paralelismo desse sistema com o de *A chave dos sonhos* pode ser levado ainda mais longe. O que define o ideograma no Egito, na Mesopotâmia ou na China é que, se de fato seu primeiro sentido é o da palavra que ele designa – ou que ele figura, como no caso dos hieróglifos –, aquilo que o distingue como tal é que ele pode também remeter a uma palavra completamente diferente, seja por homofonia – como as palavras *taon* [moscardo] e *temps* [tempo] na língua francesa –, seja porque seu valor se tornou meramente fonético. É a aquisição dessa instabilidade funcional que permite que uma figura passe do estado pictográfico, em que seu valor de signo se mantém ambíguo e incerto, para seu estado plenamente

A escrita segundo Magritte

logográfico.¹⁶ É essa mesma instabilidade que Magritte sugere ao designar seus objetos por nomes que têm, a princípio – e de fato –, um outro sentido além daquele que os objetos representados mostram. Sua abordagem, nesse caso, não é mais realista, nem conceitual, e tampouco simbólica, ela diz respeito a uma verdadeira semiótica da escrita.

Se as duas versões de *La clef des songes* [A chave dos sonhos] nos mostram como alguns de nossos objetos familiares podem se converter em ideograma, o *Dormeur téméraire*, de 1927, leva a experiência até o ponto no qual a legenda desses signos – isto é, a tradução desses signos em língua alfabética – não se mostra mais necessária. Nesse esboço de escrita onírica, a palavra está totalmente ausente, como se ignorada pelo dorminhoco silencioso, transformado ele mesmo em seu próprio signo no berço-esquife onde repousa. Mas o objeto pálido com contornos indecisos, entre cera e nuvem, que carrega incrustado em si mesmo o léxico figurado de seus sonhos, não deixa de lembrar, à sua maneira, o balão diurno dos tagarelas. A coincidência evidentemente não é casual: essa outra forma flexível é também o suporte de signos cotidianos, embora se trate aqui de signos que escapam às práticas orais do verbo e às leis da enunciação. Aliás, é por isso que seu suporte manteve um apoio concreto, embora reduzido. O balão das palavras escritas destina-se às relações aéreas e às letras flutuantes do alfabeto. Os objetos apresentados aqui são as palavras imediatamente legíveis do pensamento noturno do sonhador, a figura de seus conceitos interiores, expostos como se estivessem sobre uma mesinha ou sobre uma pedra.

---

16 Falta completar esta definição do ideograma indicando sua terceira função, a de "determinativo", ou "chave". Essa demonstração foi desenvolvida no livro *L'Image écrite ou la déraison graphique*, em especial nas páginas 21 a 70, e no artigo "Écriture" da *Encyclopaedia universalis*, p. 1.992.

Seu suporte não é marcado pela ausência ou vazio, ele tem a plenitude desse branco cuja memória profética é a fonte de toda escrita, assim como ela faz de toda leitura a experiência de uma revelação.[17] Restava ainda inventar a ordem segundo a qual essas figuras articulariam seus enigmas, a sintaxe desses hieróglifos destinados não a dizer o mundo, mas a tornar visível para todos o mistério pressentido por cada um; "uma ordem que responda ao interesse natural que experimentamos pelo desconhecido", dirá Magritte em 1967.[18] Este será o principal objeto de suas investigações no período seguinte, momento em que o problema da elaboração do texto substituirá, a partir de então, o da identificação dos signos, e a necessidade de suscitar uma leitura visionária, a de criar o catálogo de sua ideografia imaginária.

**Tradução de Márcia Arbex-Enrico e
Maria Suely Lage Alves de Brito**

---

17 Ao interpretar a escrita de Magritte em *Ceci n'est pas une pipe* como um "caligrama", Michel Foucault considera, por um lado, que a "pequena faixa fina, incolor e neutra que, no desenho de Magritte, separa o texto e a figura" constitui "uma ausência de espaço, um apagamento do 'lugar comum' entre os signos da escrita e as linhas da imagem" (Foucault. *Ceci n'est pas une pipe*, p. 90). Tal interpretação não leva em conta, a meu ver, o que diz respeito em Magritte à busca intuitiva de uma escrita ideográfica (escrita cujo princípio não é "imitativo", diferentemente do caligrama) e, sobretudo, do papel essencialmente positivo que desempenha o espaço pictural/escritural nesta obra. Quanto à negação: "*ceci n'est pas...*", se ela participa efetivamente do *jogo de escrita* deste quadro, está ali presente sobretudo como a transcrição alfabética de uma fala – sendo a negação, como sabemos, um privilégio da língua que as imagens ignoram.
18 Magritte. La poésie..., p. 686.

Referências

ALBERTI, Leon Battista. *De la Peinture*. Paris: Macula, 1992 [1435].

CHRISTIN, Anne-Marie. *L'Image écrite ou la déraison graphique*. Paris: Flammarion, 1995. (Idées et recherches).

FOUCAULT, Michel. Ceci n'est pas une pipe. *Les Cahiers du chemin*, jan. 1968.

LEEN, Frederik. Un rasoir est un rasoir: le mot et l'image dans certaines peintures de Magritte. In: OLLINGER-ZINQUE, Gisèle et alii (dir.). *René Magritte*: 1898-1967: exposition rétrospective, Musées royaux des Beaux-arts de Belgique à Bruxelles, du 6 mars au 28 juin 1998. Anvers/Paris: Ludion/Flammarion, 1998.

MAGRITTE, René. La Ligne de vie. In: SYLVESTER, David; WHITFIELD, Sarah. La Conférence perdue de Magritte. *René Magritte*: 1898-1967: exposition rétrospective, Musées royaux des Beaux-arts de Belgique à Bruxelles, du 6 mars au 28 juin 1998. Anvers/Paris: Ludion/Flammarion, 1998.

MAGRITTE, René. La poésie... In: MAGRITTE, René. *Écrits complets*. Paris: Flammarion, 1979.

MAGRITTE, René. Les mots et les images. *La Révolution surréaliste*, n. 12, 1929, p. 32-33.

OLLINGER-ZINQUE, Gisèle. La culture des idées. In: OLLINGER-ZINQUE, Gisèle et alii (dir.). *René Magritte*: 1898-1967: exposition rétrospective, Musées royaux des Beaux-arts de Belgique à Bruxelles, du 6 mars au 28 juin 1998. Anvers/Paris: Ludion/Flammarion, 1998.

SYLVESTER, David; WHITFIELD, Sarah. La Conférence perdue de Magritte. In: OLLINGER-ZINQUE, Gisèle et alii (dir.). *René Magritte*: 1898-1967: exposition rétrospective, Musées royaux des Beaux-arts de Belgique à Bruxelles, du 6 mars au 28 juin 1998. Anvers/Paris: Ludion/Flammarion, 1998.

VALERY, Paul. Introduction à la méthode de Léonard de Vinci. Œuvres complètes, t. I. Paris: Gallimard, 1957. (La Pléiade).

WALRAVENS, Jan. Rencontre avec Magritte. In: MAGRITTE, René. *Écrits complets*. Paris: Flammarion, 1979.

Da imagem à escrita

Afirmar como princípio que "a escrita nasceu da imagem" no sentido em que o compreendo – e defendo – não consiste em se basear em valores "representativos" da imagem, como se faz tradicionalmente. As teorias segundo as quais as primeiras escritas teriam nascido de "representações de coisas" que, por sua vez, se tornaram "representações de palavras" têm como consequência inevitável que, na medida em que nenhuma ideia ou nenhuma palavra podem ser igualmente representadas – a palavra "virtude" ou a palavra "paciência", por exemplo –, assim como também não pode nenhuma ação, uma inspiração súbita teria revelado aos criadores de ideogramas, supostamente simplórios e precários, as verdades necessariamente pertinentes e luminosas da língua. A escrita, portanto, teria conhecido assim dois nascimentos sucessivos em vez de um, e sem qualquer relação um com o outro, a não ser puramente mágica. A hipótese não é muito convincente.[1]

Retomemos então o problema em sua origem. O que caracteriza a escrita, em todas as civilizações em que surgiu, é que ela é o produto de dois *media* que a precediam há muito tempo, a linguagem verbal e a imagem. Ora, essa associação não deixa de ser paradoxal. Se a escrita é o veículo das mensagens

---

1 Permito-me remeter, quanto a este assunto, a Christin. *L'Image écrite ou la déraison graphique*, p. 11-31.

verbais, isto se dá na medida em que se apoia em um *medium* cujo funcionamento se opunha em todos os pontos, na origem, ao da língua:

– seu suporte é visual e gráfico, enquanto o da língua é oral e sonoro,
– o polo "ativo" da imagem não é seu emissor, o locutor, mas seu receptor.

Os pintores reconhecem, qualquer que seja a civilização a que pertençam, que sua obra não está "terminada" no momento em que a realizam, mas quando ela satisfaz seu olhar. Quando Rembrandt representa um pintor em seu ateliê (ele próprio, sem dúvida), mostra-o em contemplação diante de um quadro que se impõe a ele por sua luz e o domina por seu tamanho, esperando de algum modo a homenagem que lhe deve seu próprio criador. "A arte não reproduz o visível", dirá três séculos mais tarde Paul Klee, "ela torna visível". Diante de um texto escrito, o leitor é um espectador e um juiz, mas é, mais ainda, um decididor. É ele o senhor real da mensagem, não o escriba ou o locutor que a escreveu ou ditou.

Ao contrário do que se poderia pensar, não é, portanto, a uma fusão que chega a associação dos dois *media*, realizada pela escrita, mas à sua transgressão mútua. A escrita não depende de um processo que se poderia julgar natural, de evolução ou de mutação: ela nasce de uma evolução, de uma desordem, da subversão das normas tradicionais da comunicação social. Por isso sua criação só pode ser motivada, e motivada pela necessidade de um modo de comunicação inédito próprio a uma determinada sociedade.

Da imagem à escrita

Uma outra estranheza da escrita, mas que não se situa no mesmo nível que a precedente, é que, em toda cultura escrita, o sistema que ela utiliza é único. Isto pode nos parecer uma evidência. Utilizamos de fato um alfabeto que, tendo em vista sua estrutura fonológica, isto é, binária – vogal/consoante –, não pode tolerar mistura com qualquer outro sistema. De fato, é equivocadamente, vale lembrar, que se diz que os alfabetos oriundos do modelo grego, como o nosso, são "fonéticos". A fórmula "representação da fala", habitualmente aplicada a eles, foi inventada, aliás, pelos latinos, simples herdeiros do sistema, não pelos gregos, que sabiam pertinentemente – e Platão antes de todos – que sua escrita era um sistema "lógico", baseado em elementos, não em sons, que só podiam ser percebidos no nível da sua combinação em sílabas. Em suma, nosso alfabeto se apoia em uma análise abstrata da língua, cujo objetivo inicial era permitir ajustar um sistema de escrita semítico a uma língua indo-europeia, mas que teve como consequência segunda transformar esse acaso racional no modelo de uma pureza mimética do escrito inteiramente imaginária. Nenhuma outra tentativa histórica de rearranjo da escrita levou a esse resultado. O caso do japonês é particularmente significativo nesse sentido. Os japoneses constituíram uma escrita a partir do sistema chinês, como os próprios gregos tinham feito a partir do fenício, mas procederam de outra maneira, preservando o princípio ideográfico anterior tal qual – ele está na origem dos *kanji* – e dotando-se, por outro lado, de dois silabários próprios, os *kana*. Essa solução lhes convinha tão bem que a opção que escolheram quando quiseram simplificar esse duplo sistema foi não eliminar um em benefício do outro, mas combiná-los, ficando os *kanji* reservados para as palavras "plenas", para os termos do léxico, e os *kana* para as partículas gramaticais. No entanto, os japoneses nunca tiveram necessidade, mesmo nos meios cultos, de distinguir formalmente seus dois sistemas. Para eles, que, no entanto, são afeitos a sutilezas lexicais bastante refinadas, um único termo é suficiente para designar a escrita em todos os seus aspectos: *moji*.

O Ocidente medieval confundiu o caráter exclusivo do alfabeto com uma unicidade do escrito cujos princípios fundamentais de mobilidade e de leveza lhe escapavam totalmente. A facilidade com que isto ocorreu decorria do fato de que a prioridade dada à língua por seu sistema de escrita era indissociável, para ele, tanto da cultura cristã, que privilegia o oral sobre a visão que o tinha transmitido a ela, quanto de uma tradição de pensamento filosófico essencialmente logocentrista que ele insistia em preservar. Mas isso não ocorreria sem problemas.

Conhecendo apenas o alfabeto, e identificando com ele toda a escrita, a cultura ocidental não pôde compreender, de início, que aquilo que o sistema grego tinha introduzido na história já longa da escrita não era uma etapa nova, mas uma ruptura. Se o "sistema" japonês é misto, isto se deve ao fato de que todas as escritas que se sucederam desde os primeiros ideogramas até os sistemas silábicos ou consonânticos, como o hebraico ou o árabe, emergiram uma da outra sem jamais colocar em questão nem o sistema precedente, nem essa dualidade paradoxal de onde elas tinham sido concebidas. Na medida em que a escrita se apoiava inicialmente em uma leitura, isto é, na interrogação de um suporte, o essencial estava menos na fidelidade da mensagem a uma fala necessariamente ausente do que na eficácia imediata de uma combinatória visual em que todos os recursos da imagem podiam ser solicitados. A era aberta pelo alfabeto grego é a da traição do escrito. Ele tornou sua dualidade fundadora inoperante ou, mais exatamente, inútil para a apreensão da mensagem verbal *stricto sensu*. Mas ele também não podia agir sem recorrer à inteligência visual de seu leitor. Por isso seus usuários não deixaram, no correr dos séculos, de partir para a reconquista de sua legibilidade perdida. Letras capitulares e páginas glosadas ou compósitas no manuscrito medieval, páginas de rosto cuja estrutura é uma homenagem ao "branco" redescoberto nos belos livros impressos de meados do século XVI, criações de letras dos cartazistas do primeiro terço do século XX – Loupot, Cassandre – constituem o brilhante testemunho disso.

Os criadores souberam perfeitamente reencontrar as pistas dessa combinação verbovisual que faz o encanto e (sobretudo) a eficácia da escrita. Mas o mesmo não ocorreu com historiadores e teóricos. Devemos ao século XIX a descoberta dos princípios de funcionamento dos três sistemas ideográficos: egípcio, mesopotâmico e chinês. No entanto, essa descoberta ainda não teve efeito sobre o preconceito principal com que se choca nosso enfoque da escrita, e que consiste acima de tudo em um desconhecimento profundo do papel que aí desempenha a imagem.

Como a maioria dos especialistas atuais interessados pela escrita são linguistas, não há por que se espantar por ignorarem a imagem (já era, aliás, o caso do "filólogo" Champollion). Assim, Claude Hagège declara, em *L'Homme de paroles*, que "a comunicação oral, a única natural, é a única carregada de todo o senso da origem".[2] Trata-se aí de uma definição que é não apenas partidária, mas equivocada. Como eu mostrava há pouco, as sociedades ditas "orais" dispõem de dois modos

---

2 Hagège. *L'Homme de paroles*, p. 83.

de comunicação diferentes, oral e visual: a língua que estrutura o grupo, que rege suas trocas internas e transmite, de uma geração à seguinte, a tradição "legendária", "mítica", de suas origens; a imagem (seja material, seja virtual, como nos sonhos), que permite a esse mesmo grupo ter acesso ao mundo invisível em que sua língua não tem curso, mas que, todavia, tem todo poder sobre ele. O que distingue fundamentalmente essa comunicação daquela da linguagem verbal é que ela opera entre dois universos heterogêneos entre si: trata-se de uma *comunicação transgressiva*.

Essa dualidade se manteve nas civilizações orais mais recentes, por exemplo, a dos Dogon. Em seu livro *Ethnologie et langage, la parole chez les Dogon* (1965), Geneviève Calame-Griaule observava que, para os Dogon, a representação gráfica era concebida como anterior à expressão verbal. Ela resumia assim o mito da criação dos Dogon:

> Deus ao criar pensou; antes de nomear as coisas ele as desenhou em sua intenção criadora. (...) A criação tal como se oferece ao homem traz a marca dessa intenção divina, que ele se esforça para decifrar e cujos símbolos ele por sua vez reproduz. (...) [Mas] foi ao nomear as coisas que o homem afirmou seu império sobre elas. Se não tivesse havido uma consciência humana para recebê-la e reproduzi-la, a fala divina teria permanecido sem resposta e, portanto, sem vida.[3]

Se não negam a função de comunicação da imagem (na medida em que ela lhes é indiferente), os teóricos da escrita revelam quase todos um outro preconceito referente a ela, que é defini-la como uma "representação", sendo o termo compreendido no sentido restrito de "representação realista",

---

3 Calame-Griaule. *Ethnologie et langage, la parole chez les Dogon*, p. 515-516.

Da imagem à escrita

ou de "semelhança". Essa interpretação se apoia, na civilização ocidental, em uma convicção multissecular. É encontrada evidentemente entre os linguistas, que fazem dela a prova principal da incapacidade da imagem de levar à escrita. Disso dá testemunho, ainda uma vez, Claude Hagège: a escrita, diz ele, "conserva com a imagem e o traçado que refletiam os objetos relações de conivência".[4]

Os pintores, no entanto, qualquer que seja a civilização a que pertençam, nunca deixaram de manifestar seu desprezo e sua desconfiança em relação à "semelhança". A fim de explicar os motivos pelos quais não punha olhos, nem nariz, nem boca em seus personagens de papel cortado, Matisse dizia:

> é porque os rostos são anônimos, porque a expressão está em todo o quadro (...) olhos, um nariz, uma boca, isto não tem grande utilidade; ao contrário, isto paralisa a imaginação do espectador, e isto obriga a ver uma pessoa de uma certa forma, de uma certa semelhança etc.[5]

Na China, um pintor do século XI já observava, com laconismo: "em pintura, querer a semelhança, que infantilidade!".[6]

A ideia de que uma imagem seja "semelhante" (e sobretudo de que ela não possa ter outra definição ou outra função além desta) é indissociável de uma cultura e de uma ideologia bem precisas. A noção de *mimesis* nasceu na Grécia na virada do século V para o século IV antes de nossa era, isto é, numa época em que o uso do alfabeto – essa escrita pseudovirtual, esse código sem suporte – começava a se generalizar, e em

---

[4] Hagège. *L'Homme de paroles*, p. 89.
[5] Reflexão de Matisse extraída de sua entrevista com Georges Charbonnier, transmitida no programa *Henri Matisse, La tristesse du roi* (1952), dirigido por Alain Jaubert, *Paletes*, Arte, 1997.
[6] Su Shi, poeta, pintor e calígrafo (1036-1101).

que a encenação, pelo teatro, do texto dos mitos antigos tinha contribuído para substituir a eficácia mágica da visão primitiva pelas alegorias mais ou menos sentenciosas da ficção. A *mimesis* não remete à imagem: ela apenas traduz uma interpretação literária dela tardia e extraviada.

Pois a imagem surgira em um contexto bem diferente. André Leroi-Gourhan foi o primeiro a ressaltar que a invenção do grafismo constituía a manifestação última, e a mais original, do pensamento simbólico próprio ao homem. Escreve ele em *Le geste et la parole*:

> O surgimento do símbolo gráfico no fim do reinado dos paleantropos supõe o estabelecimento de novas relações entre os dois polos operatórios (mão-utensílio e face-linguagem). (...) Nessas novas relações, a visão ocupa o lugar predominante nos pares face-leitura e mão-grafia. Essas relações são exclusivamente humanas, pois se a rigor se pode dizer do utensílio que ele é conhecido por alguns exemplos animais, e da linguagem que ela simplesmente ultrapassa os sinais vocais do mundo animal, nada de comparável ao traçado e à leitura dos símbolos existe até a aurora do *homo sapiens*. Pode-se, portanto, dizer que, se na técnica e na linguagem da totalidade dos antropianos, a motricidade condiciona a expressão, na linguagem figurada dos antropianos mais recentes a reflexão determina o grafismo.[7]

Ao definir as primeiras produções gráficas humanas como "mitografias", Leroi-Gourhan limitaria e falsearia profundamente o alcance de sua intuição. Falar de "mito" a propósito dessas obras era reduzir seu papel ao de ilustração da expressão linguageira – essa ilustração seria "antecipadora", mas sob que título poderíamos nos autorizar, a partir de então, a levantar

---

7 Leroi-Gourhan. *Le geste et la parole*, p. 262.

Da imagem à escrita

essa hipótese? Era também negar antecipadamente ao pensamento visual emergente a motivação criadora que lhe teria permitido elaborar, a partir de seus recursos próprios, um modo de comunicação independente. Enfim, era ignorar o fato de que, para que uma consciência gráfica tenho podido se formar, era indispensável que ela tivesse sido precedida antes por uma outra, que teria tornado sua realização possível: a do *suporte* desse grafismo.

O que me propus definir como *pensamento da tela* foi essa tomada de consciência, necessariamente anterior à do grafismo e, portanto, com domínio do universo icônico, não somente em sua origem, mas em seus próprios princípios de funcionamento. Parece-me que essa hipótese permite trazer à filiação da escrita à imagem sua coerência lógica e seu sentido.

Mas, antes de tudo, como devemos definir a imagem? Eu diria que ela é, em primeiro lugar, uma *presença*, isto é, um dado visual preexistente ao sujeito que o percebe, um "sempre-já-aí-antes" cuja evidência e cujo enigma se impõem ao olhar de modo tão imperioso quer se trate de um sonho ou de um quadro. Isto não significa que essa presença aniquile seu espectador ou o esgote em seu fascínio. Francis Ponge evocou de modo muito sutil essa experiência, que pode ser, sem dúvida, fonte de angústia, mas que pode revelar também, para quem sabe ser atento, "o homem até agora desconhecido do homem. Uma qualidade, uma série de qualidades, um composto de qualidades inédito, informulado. Eis por que é do mais alto interesse. Trata-se do homem do futuro".[8]

Nesse nível de definição, no entanto, uma imagem, uma paisagem natural ou um objeto – um seixo, por exemplo – exercem poder equivalente. A originalidade da imagem está

8 Ponge. *My creative method*, p. 28.

em que ela resulta de uma série de opções intelectuais ligadas a essa experiência primeira, mas destinadas a assegurar-lhe a exploração e o domínio pelo homem e, antes de tudo, pela sociedade a que ele pertence. Não esqueçamos que a primeira grande invenção que se inscreverá na sequência direta desta – porque baseada também em uma análise das superfícies e de suas capacidades implícitas, bem como na elaboração de hipóteses relativas a essas, a fim de criar novas capacidades e de modificar a longo prazo as estruturas do ambiente humano – será, muito antes da invenção da escrita, pois data de milênios antes, a da agricultura, que é pelo menos igualmente digna de nota.[9]

Se os homens desejaram privilegiar certas superfícies, revestindo-as de branco, como em Lascaux, ou polindo-as, como em Pech-Merle, é porque tiveram a ideia, ao mesmo tempo abstrata e temerária (ela só tinha como modelo a abóbada do céu estrelado, que os ligava ao além), de conceber uma superfície como contínua e de nela só levar em consideração a aparência. Tela humana oferecida ao olhar dos deuses, essa superfície era um espaço de *transmissão provocada* com o invisível, mas também um lugar de criação. As marcas das mãos que descobrimos em grande número nessas paredes ilustram a mutação profunda do gesto humano que o associava doravante não mais a uma fabricação, a um fazer, mas a um espetáculo: elas marcam com o selo de seu criador essas figuras de sonhos recompostos, introduzindo o pensamento humano no interior do círculo esotérico das revelações sobrenaturais, mas situando-o sempre em uma movência de submissão vigilante. Deve de fato permanecer imperativamente prioritária a relação do grupo social com o invisível que o transcende.

9 Ver a esse respeito Cauvin. *Naissance des divinités, naissance de l'agriculture.*

Da imagem à escrita

O que caracteriza as figuras reunidas pelos primeiros pintores da humanidade nas superfícies que tinham eleito é sua origem compósita, até mesmo heteróclita: aí se encontram lado a lado representações figurativas, mas também formas simbólicas ou ainda traçados de valor abstrato e rítmico. Isto nos obriga a reconhecer que uma representação parietal aparentemente "realista" não faz sentido simplesmente a partir da realidade que ela designa, mas em sua associação com as outras figuras, simbólicas ou rítmicas, que lhe são vizinhas e que participam com ela do mesmo conjunto significante.

Não há nada de surpreendente no fato de essa significação nos escapar: essa heterogeneidade temática – e que geralmente também é gráfica – inscreve-se em uma lógica de pensamento própria da imagem e que se baseia em convenções estreitamente determinadas pela sociedade que as produz. Podemos de modo bastante fácil definir, em compensação, os princípios sintagmáticos a que obedecem tais "mensagens", na medida em que são idênticas de um afresco a outro. Parece-me que esses princípios podem resumir-se a dois, que são complementares: o da heterogeneidade simultânea dos elementos icônicos e o de sua contaminação semântica. Um e outro se justificam pela prioridade dada ao suporte da imagem em relação a suas figuras, ou seja, pelo que faz a especificidade material e intelectual da imagem, e que não poderíamos encontrar em outras estruturas de comunicação, a verbal em particular.

A noção de *intervalo* é decisiva aqui, porque é ela que, ao mesmo tempo, estrutura a imagem como tal e a abre para a escrita. Se as figuras dos afrescos pré-históricos "compõem um conjunto com unidade", a despeito de suas referências múltiplas – figurativa, simbólica, rítmica –, isto se deve ao fato de que sua coesão é assegurada por elementos que, por sua vez, têm um estatuto autônomo – esses intervalos que as separam uma da outra, mas servem também para ajustá-las. Essa dualidade heterogênea que é, no entanto, um fator de atenção e de participação do espectador foi dissimulada ou expulsa pelo uso desses intervalos no *trompe-l'œil*, que não passa de um jogo pictórico, e sobretudo pelas interpretações gestaltistas que os anulam, opondo sumariamente a "forma" ao "fundo", a fim de reduzir as leis da imagem às do alfabeto, distintivas e binárias. Na medida em que os intervalos de uma imagem são também figuras, mas figuras implicadas em uma apreciação do espaço – a ser contemplado ou percorrido – estranha ao código narrativo ou a qualquer ficção linguageira, o olhar do espectador passando de uma figura a outra interroga-se sobre suas relações e, tentando adivinhar o alcance da associação delas, acaba por dominá-las. Não que ele então descubra aí um "sentido" preciso: toda revelação visual que emerge do invisível só pode nos dar permanentemente a ilusão de "despertar nas superfícies seu luminoso segredo", segundo a fórmula de Mallarmé – isto é, sem que jamais esse segredo nos possa ser conhecido ou acessível de outro modo.

Nada mudou a esse respeito desde a época pré-histórica. Aquém ou além das temáticas e das culturas, a imagem permaneceu a mesma superfície fascinante de evidências interrompidas que seus criadores haviam inventado. Assim, a parede do templo transformado em igreja no centro de um afresco de Giotto da basílica de Assis (com São Francisco e o burguês que lhe presta homenagem) não é um simples elemento de cenário: ao contrário, desempenha um papel crucial no encontro dos dois, placa sensível do divino que ela esconde e expõe ao mesmo tempo, observador sem rosto cuja presença é tanto mais poderosa e radiosa na medida em que age apenas por meio da memória e da emoção do espectador como se dava com o céu de ouro dos mosaicos bizantinos. A paisagem, igualmente central, da *Tempestade*, de Giorgione, é seu verdadeiro tema, a despeito das hipóteses múltiplas que foram levantadas a seu propósito. Os personagens colocados no primeiro plano das duas margens extremas do quadro – esboçando uma narração aberrante, e que portanto só pode ser acessória – constituem, por uma inversão imprevista das categorias habituais da arte ocidental, o cenário ou, se quisermos permanecer no contexto literário da época, uma espécie de introdução retórica. Foi ao descobrir um quadro de De Chirico, composto de pedaços de ateliê e de objetos absurdos e intitulado estranhamente *O canto de amor*, que Magritte decidiu abandonar o futurismo para voltar – mas de uma maneira que deveria ficar perto desta, isto é, aberta, antes de tudo, a enigmas – a uma pintura de tipo "realista". Na pintura letrada de paisagem, na China, o vazio, o branco, participa simultaneamente do universo longínquo que ele representa e da imediatidade física de seu suporte, constituindo também o lugar pelo qual passa o sopro que anima toda imagem, o "qi".[10]

Foi em uma reflexão de André Masson que o sinólogo Pierre Ryckmans declarou ter descoberto a melhor definição ocidental do "qi" chinês: "A grande pintura é uma pintura em que os intervalos estão carregados de tanta energia quanto as figuras que os determinam", dizia Masson.[11] A pregnância mágica do intervalo é comum a todos os pintores, qualquer que seja a cultura a que pertençam. Pois as figuras não são

---

10 Um desenvolvimento desse assunto encontra-se no capítulo "L'image informée par l'écriture", de Christin. *Poétique du blanc*: vide et intervalle dans la civilisation de l'alphabet, p. 59-75.
11 Ryckmans. Convention et expression: dans l'esthétique chinoise, p. 44-45.

portadoras de seus desejos mais fortes, de sua vontade de "tornar visível", como diz Klee; isto cabe aos vazios que separam essas figuras, já que são eles que incitarão os espectadores a se maravilhar ou se inquietar com essa revelação nascida de uma superfície da qual todavia não poderão jamais dissociá-la.

É também um pintor, Matisse, que nos esclarece com mais precisão sobre a natureza do signo de escrita que a imagem produziu, o "ideograma". "Não posso jogar com signos que não mudam nunca", dizia ele para explicar sua aversão ao jogo de xadrez.[12] Opunha-se assim, sem o saber, a Saussure, que, ao contrário, tinha baseado seu sistema semiológico nos valores fixos desse jogo. Mas Saussure falava como linguista, isto é, como pessoa para quem suporte e grafia das palavras não têm valor, e encontrara no alfabeto a legitimação de seu desprezo: "Que eu escreva as letras em branco ou em preto, escavadas ou em relevo, com pena ou cinzel, isto não tem importância para sua significação", declarava ele.[13] Para Matisse – que só concebia a expressão plástica levando em conta, sobretudo, "a enternecedora brancura do papel", segundo outra de suas formulações –, que um signo flutuasse era a evidência e a necessidade mesmas, porque eram as do espaço onde ele devia agir.

Por isso, dizer que a escrita nasceu da imagem não é suficiente: é preciso enfatizar, de início, que a escrita foi tornada possível pela imagem. É, antes de tudo, a heterogeneidade de sua estrutura, a solicitação constante e imprevisível que ela exerce em seu espectador que puderam fazer desse suporte o lugar de acolhida de um modo de comunicação, a linguagem, que lhe era *a priori* profundamente estranho. Uma língua se fecha sempre em si e em sua história, que ela procura ciumentamente proteger:

12 Matisse. *Écrits et propos sur l'art*, p. 248.
13 Saussure. *Cours de linguistique générale*, p. 166.

Da imagem à escrita

como – e por que motivo? – ela pôde abrir-se para a imagem, tentar a aventura de um outro lugar? A imagem só existe, ao contrário, em nome de uma transgressão, de um desafio lançado ao desconhecido. Sua vocação é a mestiçagem. Mas se trata de uma mestiçagem controlada a fim de torná-la mais eficaz, pois suas surpresas devem ser "misteriosamente justas", como dizia Reverdy a propósito da imagem literária. Suas metáforas só podem ser criadoras, como esses contrastes de cores – os do azul e do vermelho, por exemplo – cuja proximidade cria em nossos olhos a percepção de uma terceira – do violeta, no caso.

Não podemos dizer, no entanto, para sermos exatos, que as três civilizações que inventaram a escrita – a Mesopotâmia, o Egito e a China – tenham criado um "signo que muda": o ideograma é, antes, *um signo que interrogamos*. Quando, como a letra do alfabeto grego, ele se opõe de maneira exclusiva a seu vizinho ou, como é o caso do pictograma, seu valor verbal permanece fixado ao de uma figura única, é possível para ele, por princípio (a realidade varia segundo os casos), pôr à disposição de seu leitor – e isto em cada uma das culturas que o criaram – três valores verbais diferentes. O termo "ideograma" irrita os especialistas porque permite supor que esse signo serve para veicular "ideias" quando sua destinação é estritamente linguística. Ele apresenta, no entanto, a vantagem de cobrir as três funções que esse signo tem a propriedade original de poder preencher, cada uma de maneira alternativa, ficando o leitor livre para escolher, a partir do contexto espacial e semântico em que o encontra, aquela que convirá melhor para compreender a mensagem escrita.

Esses três valores são os de "logograma", isto é, de signo gráfico que faz referência a uma palavra ou a um dado campo léxico (seja, por exemplo, em francês, a palavra *taon* [moscardo], que remete a uma categoria particular de inseto); de "fonograma" – valor verbal fonético, quer se trate de uma palavra ou de uma sílaba, até mesmo da consoante que inicia essa sílaba, oriunda por homofonia do logograma que lhe corresponde (como *temps* [tempo] ou *tant* [tanto] podem ser em relação a *taon*); sem que este seja pronunciado, para esclarecer a pronúncia e o sentido de um caractere vizinho que poderia ser lido graças a ele (por exemplo, "abelha"). É assim que, no sistema egípcio, o signo hieroglífico "casa", que consiste no desenho de um retângulo aberto na base como uma porta, significa "casa" como logograma, mas vale para o grupo consonântico "PR" quando tem valor de fonograma, trazendo a conotação de "casa" quando acompanha um outro signo de que é o determinativo.

Nossa civilização sempre cuidou de enfatizar os vínculos do ideograma com o "pictograma". Na medida em que o pictograma era concebido por ela como uma espécie de "representação verbal mínima", ela deduziu disso que havia uma filiação natural entre eles, de que teria nascido a escrita. E sabemos que foi ao descobrir o valor de fonograma dos hieróglifos que Champollion chegou a decifrar os textos egípcios – descoberta escandalosa, pois se acreditava que o fonetismo estava reservado apenas ao alfabeto e certamente não a essas pequenas imagens. Mas na realidade é o "determinativo" que está no centro do sistema ideográfico e que nos permite compreender a aparição da escrita. De resto, é significativo que o determinativo se tenha tornado (sob a denominação "chave", em francês) o elemento determinante da escrita chinesa, em que a maior parte do vocabulário escrito é constituído de "ideofonogramas", caracteres mistos que combinam uma "chave" e um fonograma. Em oposição ao pictograma, o determinativo não serve para

Da imagem à escrita

transcrever visualmente uma palavra que se pronuncia, ele é *a presença gráfica dessa palavra, com abstração de sua enunciação*. Se pode ser considerado "figura" de uma palavra, isto não é no sentido de que ele a representaria (e menos ainda de que representaria a coisa "dita" por essa palavra – como com frequência se define, de modo inteiramente equivocado, o pictograma), mas porque autoriza essa palavra a integrar o espaço icônico, a fazer sentido pela visão. A invenção da leitura – ato de nascimento do texto escrito – só se justifica por ele. Sua originalidade – e sua utilidade – fundamental é ter permitido à língua beneficiar-se dessa ancoragem insólita do mesmo no mesmo que caracteriza a imagem e que traduz de modo global e concreto a lei do contraste simultâneo. A permutação – essa lei de oposição termo a termo que encontramos na origem do alfabeto grego, assim como da definição saussuriana do signo – é constitutiva do funcionamento linguageiro: a contaminação determina, por sua vez, o funcionamento do pensamento visual. E é essa flexibilidade de interpretação que explica, para voltar aos dois outros valores do sistema ideográfico, que um signo lido como um logograma possa, em virtude de uma homofonia que o associa ao sentido de uma outra palavra, ser lido, de modo tão "natural" quanto o primeiro, como o fonograma dessa palavra.

Mas o espaço não intervém na imagem apenas como seu motor sintático: há também um papel de exposição. Pois uma imagem se define também por seu quadro, seu "campo", para retomar o termo utilizado por Meyer Schapiro. Todavia, ao contrário do que afirmava o historiador da arte, não se pode dizer que esse quadro esteja ausente das grutas pré-históricas: ele acompanha e limita já as irregularidades da parede rochosa arcaica, assinalando, assim, que sua superfície é recortada da natureza, mas também que participa dela, o que é essencial para a função de transmissão sobrenatural que ela assume. Mas é verdade que as outras formas de "campos" plásticos que aparecerão na história, em particular a "janela" de Alberti, onde os intervalos parecem tragados pela lógica da ilusão perspectiva – o que, aos olhos de Schapiro, constitui sua vocação exclusiva –, poderão fazer crer numa inovação absoluta quando simplesmente exaltam, com a arrogância deslumbrada de uma cultura geométrica que traga conhecimento consigo mesma, uma medida espacial que o homem impôs ao visível desde que inventou a imagem. O rolo chinês ou japonês, e suas variantes verticais e horizontais, são manifestações desse desejo igualmente dignas de nota, e em um contexto cultural inteiramente diferente.

O estabelecimento dessa medida espacial é uma etapa fundamental no aparecimento da escrita. Isto pode ser verificado na Suméria desde o quarto milênio antes de nossa era. Apresentam-se aí dois aspectos. Inicialmente, a delimitação de uma determinada forma (e eventualmente também de um volume) no interior do campo icônico, uma forma indissociável do escrito na medida em que seu contorno e sua matéria são carregados de sentido por eles mesmos (uma tabuinha redonda, na Mesopotâmia, é o índice de um texto literário; uma retangular, de um texto econômico), e também porque essa forma implica um certo comportamento de leitura (uma tabuinha se sustenta na mão, é lida de perto, circula facilmente etc.). O outro aspecto dessa medida espacial essencial para a escrita consiste na divisão desse suporte em compartimentos, isto é, em subconjuntos, nos quais são reagrupados os signos. Observaremos que compartimentação e reagrupamento espacial são inteiramente independentes das marcas de contabilidade, as quais só estão presentes por séries de buracos.

Da imagem à escrita

A instauração dessa estrutura interna que regula a organização e a sucessão dos signos, bem como suas proporções, conduzirá à calibragem dos caracteres egípcios e chineses, destinada a marcar sua relação com a "página" (ou com o que está em seu lugar) e não mais com a realidade que podiam representar. Daí surgiu também um uso mais surpreendente, que é o de um documento inteiramente virgem poder vir a ser interpretado por seus "leitores" como uma *superfície impregnada de escrito* e preencher desse modo a mesma função que se comportasse um texto. É o caso, por exemplo, de duas tabuinhas anepigráficas de Mari, que datam de 2.600 anos antes de nossa era, ou seja, um pouco mais de quinhentos anos depois que a escrita foi inventada. São tabuinhas ditas "de fundação", porque eram enterradas nas paredes de um templo em construção a fim de atrair para esse edifício, e para a cidade que o construía, a proteção dos deuses. O fato de essas tabuinhas de matéria rara – uma é de alabastro, a outra, de lápis-lazúli, quando tradicionalmente eram de argila – não comportarem inscrição significa que as mensagens traçadas "por mão de homem" eram infinitamente menos preciosas aos olhos das divindades de Mari que o suporte sobre o qual deveriam ser gravadas. Mas isto significa também, e antes de tudo, que para os próprios humanos – pois uma iniciativa e uma suposição como essas, referentes à leitura dos deuses, só podem ter origem humana – a lembrança de um escrito ausente, mas cujo texto permanecia identificável, de maneira implícita, por meio de um certo tipo de suporte e de uma localização ritual determinada, era suficiente para garantir sua eficácia, embora esta constituísse um desafio inteiramente vital para o conjunto do grupo social, pois dizia respeito a suas relações com a divindade.

Uma tal fé no suporte do escrito só se pode compreender se se levar em conta o papel que a adivinhação pôde desempenhar em sua gênese. Instaurar uma tábua de adivinhação, definir a área no interior da qual os deuses vão manifestar sua vontade, é de fato um ato fundador em todas as culturas orais, como, por exemplo, a dos Dogon.

A adivinhação é a última etapa da metamorfose da imagem em escrita. Seu papel se deixava prever desde sempre, pois se o céu estrelado é a primeira tela que se ofereceu aos olhos dos homens, o agenciamento de suas constelações deve ter-lhes deixado esperar muito em breve que poderiam ler aí seu destino. O recurso a objetos cujo valor simbólico era particularmente intenso (o fígado de carneiro na Mesopotâmia, o casco da tartaruga na China, sendo sua superfície, aliás, concebida como uma projeção do céu) introduziu, com a ideia de que uma mensagem explicitamente destinada aos homens pelos deuses devia aí se encontrar concentrada, duas noções fundamentais que não eram indispensáveis à imagem, mas que podiam ser deduzidas a partir de suas lições: a da *leitura* – a função social do adivinho era decifrar textos e não mais contemplar enigmas – e a de um *sistema de signos* que transformava esses enigmas em textos.[14]

Com a irrupção dessas noções, as condições necessárias ao nascimento da escrita se encontravam doravante todas

---

14 O céu estrelado é considerado o modelo da escrita na tradição arcaica chinesa, como se pode constatar por este trecho do Zhouyi, II § 2: "Nos tempos antigos, Pao Xi reinou no mundo. Erguendo os olhos contemplou as figurações que estão no céu e, baixando os olhos, contemplou os fenômenos que estão na terra. Considerou as marcas visíveis nos corpos dos pássaros e dos animais, bem como as disposições favoráveis oferecidas pela terra; serviu-se, perto, de sua própria pessoa, assim como, longe, das realidades exteriores. Começou então a criar os oito trigramas (do *Livro das mutações*) (...), bem como a classificar as condições de todos os seres". Citado por Jullien. A l'origine de la notion chinoise de littérature, p. 48.

reunidas: tornava-se possível transpor para esse novo sistema o sistema da língua – desde que se desejasse fazer com que a comunicação entre os homens se beneficiasse das mesmas capacidades de transgressão que aquela que os ligava aos deuses. Não é significativo que a escrita chinesa, surgida ao longo das fissuras oraculares dos cascos de tartaruga, tenha modelado o estilo de seu grafismo a partir do das fissuras? A caligrafia devia tornar o grafismo mais humano antes que, no outro extremo da história, a caligrafia zen do século XX reatasse com as mãos-imagens, as mãos heroicizadas da pré-história.

Essa transposição, no entanto, só se poderia fazer com a adaptação da expressão verbal à sintaxe pela contaminação que o sistema dos signos divinatórios herdara da imagem. Mas era também o meio de tirar disso o melhor proveito, já que a vocação desse novo *medium* devia ser não a de representar uma língua, mas (e nisso reside seu maior efeito de transgressão – e sua *utilidade* maior) a de ser igualmente acessível a leitores que não praticavam todos exatamente a mesma língua, como se verifica no mundo sinizado ou entre os maias.

É por isso também – e concluirei com esse aspecto que deve ser lembrado, ainda que brevemente – que é impossível admitir que a escrita tenha nascido da contabilidade na Mesopotâmia, como com frequência ainda é mencionado.[15] Ao contrário, foi a escrita em curso de formação que permitiu a um sistema de cifras rudimentar tornar-se utilizável e depois seguir pelas vias muito mais abstratas do raciocínio matemático. Ela o fez beneficiar-se do modo de abordagem que fundamentalmente lhe fazia falta, isto é, a *leitura*. Obrigados a ter de associar uma

---

15 Ver, por exemplo, Amiet. La naissance de l'écriture à Sumer et en Elam, p. 46-48.

notação pontual extremamente grosseira a elementos exteriores, capazes de trazer informações necessárias não apenas para sua compreensão mas para sua exploração (a natureza dos objetos – ou dos animais – contados, o nome ou a função de seu proprietário), os mesopotâmios encontraram na imagem, então em via de se tornar *página escrita*, uma superfície de acolhida especialmente apropriada na medida em que já se fundia em uma condição mista estrutural. E é certo que a invenção do zero, que se deve à Babilônia, só pôde ocorrer depois que uma prática particularmente afinada do ideograma – e do determinativo – permitiu a exploração do próprio intervalo icônico – essa suspensão do sentido – como um signo.

Não é nas cifras, mas nos selos, que se poderia descobrir uma etapa intermediária, na Mesopotâmia, entre a escrita de origem divina, nascida da imagem, e a dos homens. Os mesopotâmios apuseram na argila seu selo bem antes de ter a ideia de aí modelar cifras. E foi sobre a argila que desenrolaram em seguida seus selos-cilindros, cujas *mensagens figuradas* simbolizavam seu nome ou seu título, como iriam fazer milênios mais tarde os emblemas, e cujo princípio era diretamente herdado da imagem – tal como será o do emblema, por seus motivos e seu modo de composição ao mesmo tempo figural e espacial. Se a contabilidade teve papel na gênese do escrito, foi portanto de maneira indireta, deslocando-se dos *calculi* para as tabuinhas porque este suporte lhe permitia associar-se a uma *fórmula complexa*, a do selo, e, mais geralmente, a informações pictográficas que formavam um primeiro esboço de comentário textual. Desde então, fica evidente que a parte com cifras da tabuinha não pode ser considerada como a *origem* da mensagem: ela é, na realidade, seu *anexo*.

Tradução de Júlio Castañon Guimarães

Referências

AMIET, Pierre. La naissance de l'écriture à Sumer et en Elam. Catálogo da exposição *Naissance de l'écriture*: cunéiforme et hiéroglyphes. Galeries Nationales du Grand Palais, Paris, 1982. Paris: RMN, 1982.

CALAME-GRIAULE, Geneviève. *Ethnologie et langage, la parole chez les Dogon*. Paris: Gallimard, 1965.

CAUVIN, Jacques. *Naissance des divinités, naissance de l'agriculture*. Paris: CNRS Éditions, 1994.

CHRISTIN, Anne-Marie. *L'Image écrite ou la déraison graphique*. Paris: Flammarion, 1995.

CHRISTIN, Anne-Marie. L'Image informée par l'écriture. In: *Poétique du blanc*: vide et intervalle dans la civilisation de l'alphabet. Paris: Vrin, 2000.

HAGÈGE, Claude. *L'Homme de paroles*. Paris: Fayard, 1985.

JULLIEN, François. A l'origine de la notion chinoise de littérature. *Extrême-Orient – Extrême-Occident 3*, 1983.

LEROI-GOURHAN, André. *Le geste et la parole*. Paris: Albin-Michel, 1964.

MATISSE, Henri. *Écrits et propos sur l'art*. Paris: Hermann, 1972.

PONGE, Francis. My creative method. In: *Méthodes*. Paris: Gallimard, 1971. (Idées-Gallimard).

CHARBONNIER; Georges; MATISSE, Henri. *Henri Matisse, La tristesse du roi* (1952). Direction Alain Jaubert, *Palettes*, Arte, 1997.

RYCKMANS, Pierre. Convention et expression: dans l'esthétique chinoise. *Image et signification*. Documentation française, 1985.

SAUSSURE, Ferdinand de. *Cours de linguistique générale*. Payot, 1969 [1915].

A imagem e a letra

Um objeto só se torna visível na medida em que torna cego o que o cerca. A imagem nasceu do desejo de imitar a ruptura do mundo, quando aí surgiu uma figura que está também na origem de seu nome. De onde, porém, os homens tiraram a ideia de testemunhar essa ruptura sobre uma superfície, ou seja, em um espaço que estampa uma coerência espantosamente presente e homogênea, ao contrário daquele de onde a figura extrai sua existência, consagrado por ela à ausência e à desordem? Da preocupação em celebrar essa figura, isolando-a sobre um "fundo"? Ou não se trataria antes, ao restituir ao visível a dualidade que o cria, de inscrever as figuras que ele suscitava – com outras, imaginárias, mas que seriam dotadas para o olhar pela mesma evidência mágica – em um espaço redefinido pelo homem, onde essas figuras estariam unidas não mais segundo as leis indecisas do caos que se abre para o dia, mas por um projeto inédito e deliberado do espírito?

Parece-me que as marcas de mãos tão frequentemente associadas aos motivos gráficos ou pictóricos das pinturas pré-históricas dão crédito a essa hipótese. O que essas marcas celebram é efetivamente um objeto bem particular, aquele a que o homem não devia mais apenas seus utensílios e sua subsistência, mas sua conquista última sobre o real, que era a de o ter transformado em universo simbólico. A presença da mão humana no meio das inúmeras figuras das quais ela se fizera autora – qualquer que seja o valor ritual de que ela, por outras razões, podia se achar investida – testemunha o surgimento de uma nova forma de pensamento social. Mas testemunha também o deslumbramento que esse pensamento suscitou nas sociedades que o conceberam.

Pois essa homenagem à mão criadora é também, e talvez antes de tudo, homenagem à parede sobre a qual – e pela qual – ela acabava de inventar a imagem. Sua marca a expõe para nós segundo o mesmo esquema alusivo que as figuras que se avizinham dela, mas de tal modo que ela parece também se situar voluntariamente em recuo – ou, para utilizar o vocabulário dos pintores, *em reserva* – em relação a essas figuras. Como se devêssemos compreender que apenas ela, entre todos os objetos figuráveis ou simbólicos do mundo, se beneficiasse do privilégio de entrar em contato com a pedra, e que, dessa pedra à palma humana, um único poder fosse transmitido. Encontramos outras formas de homenagem prestada assim à pedra por efeito de transmissão ou de retorno da imagem na arte pré-histórica, tal a preocupação constante que seus pintores manifestam em adaptar seus motivos figurativos àqueles que lhes sugerem antecipadamente os acidentes do suporte que eles têm à sua disposição, mostrando-se cada um deles obstinadamente preocupado em integrar à sua composição qualquer índice de representação que se verificasse imanente, de um modo ou de outro, à própria pedra.

Esse suporte, ao mesmo tempo explorado e exaltado pelos pintores da pré-história, é o de todas as imagens. As modificações diversas que ele sofrerá no correr dos tempos e de seus deslocamentos de uma civilização a outra, se acarretarão variações significativas na maneira de o interpretar, não mudarão em nada sua definição, que permanecerá a de uma superfície que permite reunir figuras em um conjunto visualmente significante e que desempenha a função de *tela* [écran] entre o visível e o invisível, no duplo sentido de ela constituir ao mesmo tempo a fronteira e a placa sensível. Foi ao criar esse suporte que as sociedades humanas se deram a possibilidade de realizar em seu benefício essa ruptura do mundo que elas experimentavam quotidianamente por meio de sua descoberta sensorial das coisas, mas cuja fórmula lhes fora necessário reinventar para que correspondesse às aspirações de suas comunidades em surgimento e para que se integrasse ao universo cultural que elas começavam também a construir.

O *pensamento da tela* [*pensée de l'écran*] precedeu a invenção do simbolismo gráfico, pois foi esse pensamento que o tornou possível; o primeiro, porém, se diferencia profundamente do segundo, na medida em que suas categorias são totalmente estranhas às da linguagem verbal.[1] Devemos admitir de fato que a comunicação humana se constituiu a partir de dois polos: o das trocas internas próprias a um grupo social, à sua coesão, à sua história, cujo principal vetor é a fala; e o das trocas desse mesmo grupo com o "além", quer se trate de sociedades vizinhas que não falam a mesma língua ou, sobretudo, do mundo dos deuses, observadores todo-poderosos dos povos que eles governam, mas cujas intenções permanecem informuladas. A imagem introduziu nessa estrutura uma modificação essencial ao oferecer à comunicação dos homens com o além (que se traduzia anteriormente, como continua aliás a ocorrer nas sociedades orais, por alucinações efêmeras e

---

[1] Ver a esse respeito: Christin. *L'Image écrite ou la déraison graphique*, em especial p. 5-20.

individuais – na origem estão "os Tempos do sonho", dizem ainda os aborígenes da Austrália) o meio de se manifestar de modo concreto e duradouro por intermédio de certas superfícies-testemunhos, nas quais as revelações do invisível e as mensagens que lhe são destinadas seriam acessíveis permanentemente ao olhar noturno dos deuses, mas também ao dos membros do grupo que tiverem sido delegados para sua leitura – quando não ao olhar do grupo em seu conjunto.

Foi essa leitura sagrada que levou à invenção da escrita, surgida quando se pensou em adaptar um modo de comunicação, inicialmente destinado a estabelecer relações entre dois universos heterogêneos – o dos homens e o dos deuses –, apenas para as sociedades humanas, e depois que a adivinhação se dotou de um sistema de signos bastante complexo para poder acolher e transpor o da língua oral. É ela também que permite compreender por que o ideograma, primeiro signo escrito concebido há 5 mil anos, se caracteriza, nas três civilizações que o criaram mais ou menos simultaneamente – a Mesopotâmia, o Egito e a China –, pela variabilidade potencial de suas funções – de *logograma*, de *fonograma* ou de *determinativo* (ou de *chave*, no sistema chinês) –, sendo que o exame do suporte sobre o qual o signo se encontra inscrito permite ao leitor decidir, a partir do contexto de que dispõe, qual dessas funções ele deve adotar para compreender a mensagem que lhe é apresentada.[2]

Todavia, uma segunda mutação ainda devia produzir-se nessa história, de que, desta vez, a imagem seria vítima. Do ideograma ao alfabeto, de fato, o visível perdeu sua função semântica e, sobretudo, social. A imagem polivalente da palavra foi substituída pela imagem fixa e abstrata da letra;

---

2 Christin. *L'image écrite ou la déraison graphique*, p. 32-58.

A imagem e a letra

a concepção transcendental e plurilinguística do escrito foi substituída pela concepção de sua eficácia laica e imediatamente comunitária.

A alegoria da caverna com que Platão abre o livro VII da *República* ilustra de modo categórico essa rejeição, não tanto da imagem quanto de suas virtudes midiáticas, que caracteriza a civilização do alfabeto. Essa encenação estranha de homens acorrentados desde a infância em uma gruta e condenados a olhar diante deles sem poder se observar uns aos outros, enquanto desfila, na parede da caverna, a sombra (projetada por uma fogueira situada no exterior) de "homens que carregam objetos de todo tipo (...) e estatuetas de homens e de animais, em pedra, madeira e todos os tipos de material", diz-nos que a imagem não poderia ser um instrumento de conhecimento. "Chamo de imagens" – diz Platão um pouco antes, nesse mesmo texto – "primeiro as sombras, em seguida os reflexos que são vistos nas águas, ou na superfície de corpos opacos, polidos e brilhantes, e todas as representações semelhantes".[3] E certamente, se se trata de reproduzir objetos da realidade, quer esta seja concreta, quer ideal, a imagem só lhes pode ser infiel, embora isso se dê por um outro motivo: ela não "reproduz", ela transpõe. No entanto, a definição que Platão apresenta e, ainda mais, sua alegoria querem nos fazer compreender também que essa imagem não é mais um meio de comunicação. Essa função está reservada de modo exclusivo à fala. Platão sugere isso de duas maneiras. Faz da parede da caverna um simples local de depósito, e não de criação, das formas visuais – como é o caso da superfície de um espelho –, e completa seu relato com indicações que têm por único objetivo, como se pode ver bem, permitir-lhe reunir os elementos

---

3 Platão. *République*, v. 7, 512a-517b; v. 6, 510a (p. 267, 273-275).

de uma dada situação em seu conjunto, sem omitir nenhum deles, e que dizem respeito estritamente à comunicação verbal. Ao descrever os personagens que passam do lado de fora, ele especifica de fato: "Naturalmente, entre esses que carregam coisas, uns falam e outros se calam", e prossegue um pouco adiante, evocando dessa vez os espectadores: "(...) se a parede do fundo da prisão tinha um eco, a cada vez que um dos que carregam coisas falasse, eles [os espectadores] acreditariam ouvir outra coisa que não a sombra que passaria diante deles?".[4]

Essa é a chave do desprezo que Platão tem pelo visível. Nenhuma mensagem pode ser transmitida, e ainda menos criada, por seu intermédio. O invisível não corresponde para ele a um outro mundo, mudo e inacessível, que completaria ou ameaçaria o nosso; ao contrário, ele é plenamente acessível ao homem, desde que este procure distinguir os objetos "verdadeiros", as Ideias, com a inteligência da alma e não com os olhos do corpo. O empíreo, tal como ele o concebe, é o lugar supremo do verbo; é habitado por palavras.

Jean-Pierre Vernant acentuou, em *Divination et rationalité*, que os deuses gregos se distinguiam dos de outros panteões antigos porque falavam a língua dos homens.[5] Assim se explica que a noção de "tela", de espaço intermediário no qual se constituem em mensagens signos que, se supõe, devam assegurar as trocas entre os deuses e os humanos, seja indiferente para essa cultura. Mas a existência do alfabeto desempenhou certamente um papel ainda mais decisivo no raciocínio de Platão do que essa concepção fluida do espaço, própria do pensamento helênico. Um papel que não deixa, de fato, de ser equívoco, pois esse sistema trazia com ele – como seu duplo

---

4 Platão. *République*, p. 273-274.
5 Vernant. Parole et signes muets, p. 9-25.

A imagem e a letra

negado e prestigioso, mas a que o associavam ainda obscuras relações de filiação – o sistema hieroglífico egípcio. Segundo Platão, de fato, o alfabeto pode ser definido de duas maneiras. A letra é uma unidade *distintiva* – permite isolar um som da língua –, mas é também *imitativa*: representa o som que ela designa. É essa segunda propriedade, que ela partilha com a pintura, que constitui sua vacuidade e que, consequentemente, a torna condenável. Ora, tanto quanto a primeira dessas definições está conforme aos princípios do alfabeto, a segunda lhes é estranha. Sem dúvida, ela pôde ser sugerida a Platão pela necessidade que o alfabeto impõe de transcrever uma mensagem oral fazendo o inventário, letra a letra, de cada um dos sons que a compõem. Todavia, o paralelismo acidental das linearidades da voz e do traço nada tem de imitação. Por que, então, ter tido a necessidade de passar pelo desvio da imagem a fim de poder afirmar o contrário? Que transmissão asseguraria então essa imagem, que permitia confirmar a inutilidade do escrito? A resposta nos é dada pelo *Fedro*, no qual Theuth, deus egípcio, é apresentado como inventor da "escrita" sem que apareça a diferença fundamental que separa sistema hieroglífico e alfabeto.[6] Ingenuidade? Astúcia? Ignorância? É certo, em todo caso, que é o caráter figurativo dos hieróglifos que explica o deslocamento do raciocínio de Platão da virtude distintiva da escrita para sua inutilidade imitativa. E é o amálgama que ele criou entre dois sistemas profundamente opostos um ao outro que nos permite compreender seu desconhecimento, a um só tempo, da escrita – seja alfabética, seja hieroglífica – e da pintura, pois uma se deduz da outra. E que se pense sobre isso. Se os hieróglifos são signos figurativos, podemos afirmar por isso

6 Platão. *Phèdre*, p. 165.

que são "imitativos"? É verdade que representam elementos da vida quotidiana dos egípcios, mas a iconografia a que estão ligados obedece a uma codificação que nada tem de realista. Quanto aos signos da escrita propriamente ditos, os egípcios os distinguiram imediatamente das figuras que os haviam inspirado por meio de convenções específicas, consistindo a primeira delas em inscrever cada signo no interior de um módulo de mesmo formato, qualquer que seja a realidade que ele "represente", isto é, por um ato ostensivo de ruptura com todo processo de "imitação".

Na verdade, a natureza figurativa de seus signos desempenha papel menos determinante na escrita hieroglífica que o sistema espacial espantosamente complexo e sutil que regulamenta sua disposição: conotação solene ou íntima de um texto sugerida por seu suporte, seja de pedra ou de papiro; dimensionamento, mas também orientação variável dos signos que têm função de marca formal de enunciação; jogo semântico ligado à distância que separa esses signos uns dos outros e que pode ocupar até o corredor de um templo ou de um túmulo. De modo mais essencial ainda, pois partilha essa propriedade com os outros sistemas baseados no ideograma, essa escrita faz com que a inteligência visual do leitor participe da realização do discurso, deixando-lhe a iniciativa da estimação dos contextos que completam e explicitam o valor de cada signo – palavra ou fonema – pelo valor de seus vizinhos. É dessa liberdade fundamental da leitura que o alinhamento fonético do alfabeto nos privou ou, mais exatamente, nos desviou. Assim, Sócrates pode ironizar, no *Fedro*, esses discursos compostos por escrito em que o cuidado que o orador dedica a estruturar a "disposição" de seu texto se sobrepõe à sua "invenção".[7] É

---

7 Platão. *Phèdre*, 235e, p. 112.

A imagem e a letra

essa intuição de conhecedor prático que levará, mais tarde, Quintiliano a ter a ideia de transpor as regras vívidas da arte da memória para aquelas, abstratas e quase geométricas, da paginação textual: ela constitui um dos raros meios pelos quais a cultura do alfabeto pôde reconquistar esse espaço que lhe escapara, mas que permanecia indispensável à sua própria lisibilidade.[8]

> Nos tempos antigos, Pao Xi reinou no mundo. Erguendo os olhos contemplou as figurações que estão no céu e, baixando os olhos, contemplou os fenômenos que estão na terra. Considerou as marcas [*wen*] visíveis nos corpos dos pássaros e dos animais, bem como as disposições favoráveis oferecidas pela terra (...). Começou então a criar os oito trigramas [do *Livro das mutações*] a fim de comunicar-se com o poder da Eficiência infinita (...).[9]

Na origem da ordem das coisas está o *wen*, o signo escrito. Das três civilizações do ideograma, a China é a única que associou diretamente a escrita a suas escolhas filosóficas essenciais. Nessa cultura, a superfície da aparência permaneceu como o lugar inicial das trocas do homem com o mundo, e a virtude metafísica do traço não foi aí associada à fala, mas permaneceu ligada ao ato de contemplação. Assim, não existe qualquer texto que seja mais oposto à alegoria da caverna do que esses conselhos do pintor de paisagens Chen Koua expostos no século XII pelo *Mong-k'i pit'na*:

> Você deveria inicialmente procurar uma parede em ruína e estender cuidadosamente sobre essa parede uma peça de seda

---

8 Ver Christin. La mémoire blanche (In: *Poétique du blanc*: vide et intervalle dans la civilisation de l'alphabet).
9 Zhouyi, II § 2, citado por Jullien. À l'origine de la notion chinoise de littérature, p. 48.

branca. Então, apoie-se sobre essa parede em ruína e, dia e noite, a contemple. Quando a tiver olhado por bastante tempo através da seda, verá sobre a parede arruinada saliências e trechos planos cujo traçado sinuoso formará perfeitamente o desenho de uma paisagem. Guarde bem em seu espírito a imagem percebida por seus olhos, e então as saliências formarão as montanhas, os fundos formarão as águas, os vazios formarão os vales e as falhas, os cursos d'água. As partes claras constituirão os primeiros planos, e as partes escuras, os planos afastados. Graças à faculdade que o espírito tem de apreender as coisas e à ideia de as instaurar, você acreditará ver ali personagens e animais, arbustos e árvores, criaturas que voam e se movem, indo e vindo. Quando [esse espetáculo] se impuser a seu olhar, você governará seu pincel ao sabor de seu pensamento. Então, no silêncio da contemplação, em estado de comunhão espiritual, a paisagem lhe aparecerá em sua verdade espontânea, como que trabalhada pela Natureza, sem nada que lembre uma obra humana. Eis o que chamamos uma pintura viva.[10]

Pintar, para o pensamento chinês, não é representar um objeto, é redescobrir a aparência que está na origem dos signos, renovar o contato pelo qual deve se revelar, em silêncio, a cifra do mundo. Pintar é criar algo vivo, não porque se dará corpo a uma figura ou porque se saberá reconstituir a beleza pura, graças a alguma quimérica junção, mas porque, da meditação sobre seu olhar para esse ato em que se associam de modo intenso e secreto a tinta e a mão, o pintor terá chegado a reinventar o gesto único – o Único Traço de Pincel, diz Shitao –[11] capaz de fazer emergir de novo o branco fundador a partir de uma

---

10 Citado por Vandier-Nicolas. *Esthétique et peinture de paysage en Chine*, p. 126-127.
11 Ver Shitao. *Les propos sur la peinture du Moine Citrouille-Amère*.

A imagem e a letra

superfície de seda ou de papel. Trata-se de uma concepção ligada à escrita, tal como era a alegoria da caverna, mas de modo bem diferente, na serenidade luminosa de um saber, pois o sentido aqui está, de imediato, plenamente presente e acessível. Do suporte metafísico da parede àquele da seda, a inteligência humana apenas prolongou sobre o território que lhe é próprio a lição de comunicação instaurada pelos adivinhos.

Dividindo a escrita, rompendo os vínculos entre som e sentido atados pelo ideograma, o alfabeto se impediu o acesso a essa sabedoria. Os próprios geômetras de Platão, se se aproximam dela, só a conhecem em sua ausência. Condenada a um uso do gesto limitado pelas convenções narcísicas próprias a uma humanidade de falas, a esboçar suas figuras uma a uma como soletraria as palavras da tribo, a civilização do alfabeto não podia admitir que a pintura tivesse qualquer filiação com a paisagem ou que se realizasse em si. Sobre a parede, foi um perfil de homem jovem que ela escolheu para fazer aparecer inicialmente, sombra gravada por uma enamorada preocupada com a partida de seu amado e que queria guardar sua imagem.[12]

A lenda de Dibutade teve difusão considerável, como se sabe, do Renascimento ao século XIX.[13] Todavia, não é a única que circulou no Ocidente: a cultura cristã havia suscitado uma segunda. Esta é relativa também a um retrato, mas obtido por contato e não por anotação gráfica. Várias versões dessa lenda se sucederam na Idade Média; a mais antiga delas provém de Bizâncio, e a mais recente é franciscana, mas o rosto retratado é sempre o mesmo – o de Cristo –, e a história é mais ou menos idêntica: um homem piedoso ou uma santa mulher apresenta

---

12 Plínio. *Histoire naturelle*, XXXV, 151.
13 Ver a esse respeito: Christin. Du signe à la trace (In: *Poétique du blanc*: vide et intervalle dans la civilisation de l'alphabet).

um pano a Jesus, que imprime nele sua face. Esse ícone "não feito por mão de homem" deveu sua fama a motivos principalmente religiosos. Todavia, testemunhava também o ressurgimento, em um meio sociocultural muito diferente daquele da China, da convicção arcaica segundo a qual o suporte de uma imagem permite ao invisível ter acesso – quer seja poder imanente, quer divino – ao presente imediato dos homens.

Embora tendo se oposto com todas as forças de sua nova racionalidade aos valores da pintura, a civilização do alfabeto não chegara a destruí-los: era suficiente poder esquecer a letra – ou, mais ingenuamente, ignorá-la – para reencontrar seus princípios, pois não há dúvida a esse respeito: que sua arte seja, antes de tudo, uma questão de *superfície,* todos os pintores estão fundamentalmente convencidos, e o mesmo se dava com os da antiguidade greco-latina. Dá testemunho disso a competição célebre, também relatada por Plínio, que opôs Zêuxis a Parrásio, e, em relação a esse episódio, tendemos, com muita frequência, a esquecer que se Zêuxis engana os pássaros com a representação das uvas, Parrásio, por sua vez, engana Zêuxis, e de uma maneira bastante peculiar. Ele pinta uma cortina com tanta exatidão que seu rival pede que se afaste a cortina a fim de contemplar o quadro que esta supostamente oculta. O fim da história é igualmente muito instrutivo, pois Zêuxis, quando percebe seu erro, inclina-se de imediato diante de uma proeza que ele julga, como artista, de qualidade superior à sua.[14]

Além do mais, a representação das cortinas, dos tecidos e dos revestimentos desempenha, na história da pintura ocidental, papel que só por equívoco acreditaríamos puramente ornamental. É comparável, de fato, ao desses personagens que, em certos quadros de Carpaccio – *A chegada dos embaixadores*

---

14 Plínio. *Histoire naturelle*, p. 65-66.

A imagem e a letra

ingleses à corte do rei da Bretanha, por exemplo –, têm função de "indicadores".[15] Essas figuras avisam o espectador sobre as intenções narrativas de uma imagem, convidando-o, por um gesto que as situa explicitamente em recuo quanto à composição, a recorrer à memória literária ou histórica para compreender seu sentido. A cortina tem a função inversa: é *indicador da imagem enquanto tal*, concentra em si sua natureza e suas propriedades, e o convite que dirige ao espectador é o de saber ser atento à metamorfose do visível, que se opera sob seu olhar desde o instante em que quer se deixar introduzir por ela no quadro.

A atenção bastante especial que a civilização do alfabeto reservava à análise dos signos sem dúvida facilitou o surgimento e a difusão desses índices. Mas ela também só podia limitar a função deles à de simples acessórios. No entanto, dos mosaicos de Ravena aos afrescos de Giotto, vê-se o tema da cortina libertar-se pouco a pouco desse uso e se tornar um motivo iconográfico no sentido mais forte do termo, já que se apresenta ao mesmo tempo como um elemento da imagem e como seu principal símbolo. De início esquematicamente sugerida – quer esteja entreaberta, para permitir a um personagem surgir em sua abertura, quer fechada por trás de um trono ou de uma cama, a fim de que tenhamos a ilusão de que estes participam diretamente de nosso universo –, ela é, nos afrescos de Assis, o amplo tecido em *trompe-l'œil* que corre ao longo das naves laterais da basílica, como uma cortina de teatro que parece nos abrir o acesso a sua lenda, e já, em certos painéis, o objeto central, ao mesmo tempo tecido e mancha, ficção e realidade, inscrição pura do espaço, cujo valor começa a se impor como sendo o que deve fundar toda

---

15 Ver a esse respeito: Scarbi. *Carpaccio*, p. 37-38.

reflexão plástica.¹⁶ Essa lição será renovada mais tarde, em um contexto muito diferente, pelas grandes toalhas de banho e os *tutus* de dançarinas abertos como sóis nos quadros e pastéis de Degas, anunciando, por sua vez, as superfícies uniformes da pintura abstrata, ou, ainda mais perto de nós, as cortinas enigmáticas de Edward Hopper iluminadas pelo fim do dia, inúteis e poderosamente presentes, ao mesmo tempo, como a matéria luminosa de um sonho esquecido ou impossível, e que nos dão a impressão insólita de uma *vacuidade de origem*, que, no entanto, também seria sua fatal necessidade.

O que torna o motivo pictórico da cortina ou do tecido tão essencial é que ele exprime, de modo a um só tempo extremo e mínimo, a dualidade mágica – pois sempre copresente para ela mesma – da evidência contraditória do atual e do além, do visível e do invisível, sobre o que se apoia o pensamento da tela. A paisagem apareceu na pintura ocidental pela brecha de incerteza inquieta que esse motivo aí havia introduzido. E talvez fosse de fato necessário justificar a presença dessa outra forma de além por uma violação evidente no curso da narração, por uma ruptura ostensiva dessa contabilidade de figuras, imposta à nossa pintura por sua tradição cultural. Terá sido necessário, de início, uma janela para nossas paisagens, a indicação concreta, na própria imagem, de uma fronteira entre o aqui romanesco e discursivo e o além próprio da pintura, antes que este possa dominar, enfim, toda a imagem.

Todavia, a paisagem, no Ocidente, não podia escapar inteiramente à condição de *objeto* a que nossa civilização destina tudo o que ela percebe, até mesmo o próprio espaço.¹⁷ A esté-

---

16 Ver Christin. Peinture et narration (In: *Poétique du blanc*: vide et intervalle dans la civilisation de l'alphabet).
17 É o que mostra Hubert Damisch, observando que a perspectiva, na Renascença, "não se separa da arquitetura" (*L'origine de la perspective*, p. 247).

tica holandesa não fez uma verdadeira distinção entre essa categoria de pintura e a natureza-morta. A representação da natureza só chegou a preservar seu mistério nesses intervalos em que, seja por intuição, seja por cálculo, certos pintores escolheram mantê-lo – como Giorgione em sua *Tempestade*. É a Acteón, a Órion, à ficção das ruínas romanas, à meditação de um monge solitário que as paisagens de Poussin, de Hubert Robert, de Friedrich deverão sua eficácia emotiva. As aguadas dos pintores chineses ignoravam essa necessidade tática de estabelecer ecos da alma na natureza.

No entanto, talvez a última revelação da imagem só devesse chegar à arte ocidental a partir de um além que lhe seria sugerido não por uma filosofia da aparência, que lhe permaneceria estranha, mas pela mão e pelo olhar. Foi assim que Mallarmé recuperou a escrita que por tanto tempo nos fora dissimulada pelo alfabeto no espaço mudo da página branca.[18]

A aquarela desempenhou papel similar. Os esboços e os *glacis*[19] da pintura clássica recorriam a essa técnica ou se inspiravam nela de modo bastante constante. Teria sido necessário, porém, a coincidência acidental da nuvem e da mão, do ar e da água, para que essa arte pudesse adquirir sua plena legitimidade pictórica, através dos céus ingleses que tanto encantaram Baudelaire. E foi talvez na aquarela que Cézanne – pintor das formas definidas por contornos negros ou que talhava diretamente na tela a pedra de suas montanhas – descobriu essa "pureza", que ele transformou na missão do pintor em seus últimos anos. Uma vez revelados à luz esses corpos – dos quais não se discernia mais que uma silhueta de

18 Ver Christin. De l'image au texte: l'expérience du "Coup de dés" (In: *Poétique du blanc*: vide et intervalle dans la civilisation de l'alphabet).
19 [N. T.] Em francês, "tinta leve e transparente que se passa sobre uma cor seca para lhe dar brilho e harmonizar o conjunto".

bruma, carne e roupas, como que absorvidos diretamente no papel –, a brancura original do espaço podia substituir de modo natural e necessário as roupas esbranquiçadas das banhistas ou, no entrelaçamento em mosaico das cores – como mostram certas vistas do jardim de Lauves, tão próximas da meditação abstrata –, liberar o ideograma indizível do *lugar*.

Tradução de Júlio Castañon Guimarães

Referências

CHRISTIN, Anne-Marie. *L'Image écrite ou la déraison graphique*. Paris: Flammarion, 1995.
CHRISTIN, Anne-Marie. *Poétique du blanc*: vide et intervalle dans la civilisation de l'alphabet. Leuven: Peeters-Vrin, 2000.
DAMISCH, Hubert. *L'origine de la perspective*. Paris: Flammarion, 1987.
JULLIEN, François. A l'origine de la notion chinoise de littérature. *Extrême-Orient – Extrême-Occident*. Paris, n. 3, 1983.
PLATÃO. *Phèdre*. Trad. E. Chambry. Paris: Flammarion, 1964.
PLATÃO. *République*. Trad. R. Baccou. Paris: Flammarion, 1966.
PLÍNIO. *Histoire naturelle*. XXXV.
SCARBI, V. *Carpaccio*. Paris: Éditions Liana Levi, 1995.
SHITAO. *Les propos sur la peinture du Moine Citrouille-Amère*. Trad. Pierre Ryckmans. Paris: Hermann, 1984.
VANDIER-NICOLAS, Nicole. *Esthétique et peinture de paysage en Chine*. Paris: Klincksieck, 1982. p. 126-127.
VERNANT, Jean-Pierre. Parole et signes muets. In: *Divination et rationalité*. Paris: Seuil, 1974. p. 9-25.

Pensamento escrito e comunicação visual

O que é a escrita? Pode-se responder a esta questão de cem formas diferentes. Escolher o ângulo da comunicação visual para abordá-la é ater-se ao que há, nela, de profundamente paradoxal: o fato de que a escrita transmite mensagens *verbais* por meio de *imagens*. Os princípios que regem a imagem se opõem, com efeito, em todos os pontos, àqueles que regem a língua: seu suporte é de natureza espacial e gráfica, enquanto o da língua é oral e sonoro; o polo de onde procedem as suas mensagens não é o do seu *emissor* – à maneira do locutor no esquema de enunciação – mas o do seu *receptor*. Sabe-se que os pintores da China antiga consideravam a "receptividade" como a sua virtude mais preciosa; isto permanece verdade para todos os pintores ocidentais que reconhecem, por exemplo, que um quadro não está acabado quando eles terminam a criação – término que pode, além disso, ser indefinidamente adiado –, mas somente quando o quadro satisfaz o olhar, ou melhor, quando ele o surpreende.

Apesar de paradoxal, esta combinação está longe de ser absurda. Ela associa, com efeito, os dois modos de comunicação que ordenam toda sociedade de forma complementar, como se pode constatar ainda hoje nas sociedades que permaneceram orais. A linguagem estrutura o grupo, regula seus intercâmbios internos e transmite, de uma geração à próxima, a lição das suas origens através de seus mitos e lendas. A imagem (seja ela material ou virtual, como nos nossos sonhos) permite a este mesmo grupo obter acesso a mundos em que sua língua não tem trânsito, mas que correm o risco de exercer um certo poder sobre este grupo, trate-se do universo invisível do além ou das sociedades vizinhas.

Sendo a maior parte dos pesquisadores que se interessaram pela escrita nos últimos anos formada por linguistas (como era já o caso do "filólogo" Champollion), não é de se espantar que eles não tenham se preocupado em analisar o papel desempenhado pela imagem na sua gênese e nas suas estruturas. Por isso mesmo, é ainda mais indispensável, e urgente, interrogar-se sobre esse tópico.

Mas o que é uma imagem? A questão não é nem mais simples, nem mais clara que a primeira. É por isso que eu me limitarei, aqui, a examinar somente um aspecto da imagem que foi ainda mais negligenciado do que a própria imagem. Com efeito, apenas suas *figuras* atraíram a atenção dos teóricos da escrita, de onde se deduziram as noções de "representação" e de "signo". Eu gostaria de mostrar que a escrita, na verdade, deve muito mais ao seu *suporte*. O termo "suporte" não é o mais adequado, a bem dizer: ele é restritivo demais, e sobretudo demasiado material. O termo *tela* [écran] seria preferível – com a condição de não o interpretar no sentido de tela sobre a qual se projetariam sombras, como o sugere a alegoria platônica da caverna no livro VII da *República*. Ao contrário, as figuras que se podem ver sobre esta tela *emanam* dela, o que traduz bem a definição da pintura que devemos a Paul Klee: "a arte não reproduz o visível, ela torna visível".

Pensamento escrito e comunicação visual

O modelo ao mesmo tempo mais primitivo e mais grandioso desta tela (e que o foi efetivamente para as três civilizações que inventaram o ideograma: a Mesopotâmia, o Egito e a China – assim como para os Maias) é o céu estrelado. O que este céu tem de espantoso, de fato, é que, à diferença do mundo heterogêneo e incoerente que nos cerca, ele nos aparece de imediato – mesmo que se trate de uma ilusão – como uma superfície contínua. Esta superfície apresenta igualmente uma particularidade dupla: ela é "constelada" de pontos luminosos, os quais, em razão do seu caráter aparentemente abstrato, se propõem a nós como *signos*. Por outro lado, estes signos são separados por *intervalos*, por vazios, os quais não têm nada de aleatório, mas permitem, ao contrário, combinar os signos em *sistemas*.

Todavia, o termo "signo", aplicado às estrelas, assim como o termo "tela", aplicado ao céu noturno, estão carregados, para as culturas arcaicas, de um valor suplementar, estranho ao que devemos à semiótica contemporânea. Este valor assume aqui um papel essencial, pois só ele nos permite compreender os laços que unem este espetáculo, por mais codificado que seja, à escrita. Os signos e a tela celestes constituem, com efeito, dentro das sociedades antigas, o modo privilegiado de comunicação dos homens com o além (além da tela do céu), ou seja, com os deuses. O que distingue uma tal comunicação daquela da linguagem verbal é que ela opera entre dois universos heterogêneos: trata-se, por assim dizer, de uma *comunicação transgressiva* – o que será, precisamente, à sua maneira, ou seja, de um suporte de expressão a outro, do domínio do oral àquele da imagem, a escrita.

Quando inventaram a imagem, os homens da pré-história começaram por eleger certas superfícies notáveis pela sua continuidade – assim como, supostamente, a abóboda celeste – e a valorizá-las através de diferentes artifícios – por lixamento ou por um reboco branco – de forma a metamorfosear estas paredes em verdadeiras superfícies-telas: em "céus humanos", por assim dizer. Estas superfícies puderam tornar-se, assim, suporte de figuras, pintadas ou gravadas, que colocam, por sua vez, problemas de análise específicos, evocados por M. Denis Vialou.

O que eu gostaria de sublinhar é que a *sintaxe* destas figuras é assegurada, nestas primeiras imagens, pelos intervalos que, ao mesmo tempo, as separa e as une sobre a superfície onde estão inscritas. Estes intervalos são eles também figuras, mas trata-se de figuras particulares e que poderiam até mesmo passar desapercebidas, pois são exclusivamente implicadas dentro de uma consideração do espaço – a contemplar ou percorrer – estranha ao código narrativo ou a toda outra ficção de origem linguística. O seu papel é o de fazer com que o olhar do espectador, passando de um motivo a outro, se interrogue sobre as suas relações e que, esforçando-se para adivinhar o alcance dessa associação, termine por dominá-la. Não que ele descubra ali um sentido pontual e preciso (diferentemente do que buscará na escrita): toda revelação visual, emergindo do desconhecido, não pode senão nos dar sempre a ilusão de "despertar nas superfícies seu luminoso segredo", segundo a fórmula de Mallarmé – ou seja, sem que jamais este segredo pudesse nos ser conhecido senão por aquilo que ele nos permite supor.

Nada mudou na pintura, nesse sentido, desde a época pré-histórica: aquém ou além das temáticas e das culturas, a imagem permaneceu ao longo dos séculos e através das culturas a mesma superfície fascinante, de evidências indefinidamente suspensas, que seus criadores inventaram. Tomo como exemplo, dentro da arte ocidental, dois quadros que tratam do mesmo assunto, que constitui um de seus temas mais relevantes, a *Anunciação*, de autoria de dois pintores italianos, mas de tradições diferentes: Simone Martini, no século XIV, e Leonardo da Vinci, no XV. Nestas duas obras, o intervalo que separa o anjo Gabriel da Virgem Maria foi investido de valores que não concernem diretamente ao aspecto narrativo da cena, e que, ao mesmo tempo, permitem definir a especificidade estilística e iconológica de cada um dos quadros.

Na obra de Simone Martini, a primeira informação que nos transmite o seu vazio central concerne ao suporte da imagem e à sua matéria, visivelmente de uma outra natureza que aquela que serviu para pintura dos personagens, e que nos atinge pelo seu esplendor: ele é recoberto de ouro. Este ouro não é somente uma matéria preciosa e cara (e que se devia apreciar como tal na época); ele é, igualmente, revelador da concepção de espaço à qual o artista faz referência, própria do mundo cristão medieval: ela nos indica que o espaço no qual se situa a cena é de origem divina, ou seja, ao mesmo tempo estranha a ela e diretamente participante da anunciação de que é testemunha. Este intervalo permite, enfim, sublinhar a distância que separa os dois personagens, a Virgem se colocando ostensivamente à distância em relação ao anjo, obrigando-nos, assim, a nos interrogar sobre seus próprios sentimentos acerca do anúncio que lhe é feito. Para além do tema que convém à "Anunciação", esta imagem nos sugere, pelos seus vazios, interpretações culturais e psicológicas devidas ao próprio pincel do artista, entregues assim à nossa livre apreciação.

É em grande parte através do tratamento reservado ao mesmo intervalo que separa o anjo Gabriel da Virgem que a *Anunciação* de Leonardo se distingue daquela de Simone Martini. De fato, encontra-se ali a mesma estratificação de informações e interrogações simultâneas própria à imagem, quer dizer, independente da narração, mas explorada de modo diferente. Desta vez, a matéria da pintura é homogênea: a cena nos é dada a ler como um conjunto perfeitamente coerente. Todavia, e isto aliás é em parte contraditório com a sua vocação sagrada, o espaço no qual o pintor escolheu para situar a cena é representado em perspectiva, como uma paisagem, um *lugar*: a nova autoridade do olhar humano prevalece, aqui, sobre o respeito devido a uma substância divina. Enfim, uma última diferença: Leonardo utiliza esta paisagem para introduzir uma iluminação original na cena, mais simbólica que psicológica, que constitui, por assim dizer, a sua marca própria, o seu enigma pessoal.

"Não é a figuração dos objetos que me parece fecunda, mas aquilo que há entre os objetos, aquilo que o condicionamento cultural incita a ver como vazios", escreveu Jean Dubuffet.[1] A arte ocidental contemporânea reservou um lugar privilegiado ao "vazio". A pintura metafísica de Giorgio De Chirico funda o seu mistério sobre a organização dos intervalos enigmáticos. É em um outro pintor do século XX, André Masson, que o sinólogo Pierre Ryckmans diz ter encontrado a melhor definição de intervalo, tal como a concebeu a pintura chinesa: "A grande pintura, declara Masson, é uma pintura em que os intervalos estão carregados de tanta energia quanto as figuras que os

---

1 Dubuffet. *Bâtons rompus* citado por Christin. *Poétique du blanc*: vide et intervalle dans la civilisation de l'alphabet, p. 6-7.

Pensamento escrito e comunicação visual

determinam".² As pinturas letradas de paisagens chinesas nos mostram, com efeito, o grau de ambiguidade e complexidade alcançado pelo "intervalo" numa civilização em que pintura e caligrafia dizem respeito a uma arte única, à diferença do Ocidente. O vazio, aqui, participa do universo distante que ele representa, segundo uma perspectiva que procede não por continuidade linear ou de gradação de valores – como na Europa – mas pela ruptura da percepção, exaltando, ao mesmo tempo, a imediatez física do seu suporte, este papel de onde nascem juntas, saídas do mesmo traço de pincel, paisagem e caligrafia. É por este vazio, enfim, que passa o sopro que anima toda a imagem, segundo a concepção chinesa: o "qi". O intervalo, o "vazio", é comum a todas as artes da imagem, seja qual for a civilização a que pertençam, e ele funda a sua criação em tal grau que certos pintores contemporâneos, como Rothko, fizeram dele o tema único dos seus quadros.

A mutação do *enigma*, nascido com a pintura, em sistema de signos visuais – ele mesmo anunciador da invenção da escrita – se apoia, na história das metamorfoses icônicas, sobre a emergência de uma noção que estivera presente nela desde a origem, mas que não fora claramente afirmada como tal imediatamente: a noção de *medida espacial*. Ainda desta vez, trata-se da reapropriação, pelo homem, de um procedimento que ele tinha elaborado inicialmente com o objetivo de comunicar-se com os deuses. Aliás, ele se encontra sob esta forma em certas sociedades orais contemporâneas, por exemplo entre os Dogon. Instaurar uma tábua de adivinhação, definir a área no interior da qual os deuses manifestarão a sua vontade porque este espaço deve refletir a estrutura do céu, constitui, nessa cultura, um ato social primordial.

2 Ryckmans. Convention et expression dans l'esthétique chinoise, p. 44-45.

Na Mesopotâmia e na China, os suportes da adivinhação – fígado de carneiro, na Mesopotâmia, carapaça de tartaruga, na China – foram concebidos, eles também, como projeções do céu. Mas, além disso, eles foram considerados como elementos que concentram em si as mensagens endereçadas de maneira explícita aos homens pelos deuses. Duas noções que já se podiam deduzir da comunicação visual, mas que não lhe eram indispensáveis, vão, a partir de então, emergir por sua vez: a da *leitura* – a função social do adivinho sendo a de decifrar os textos e não mais de contemplar os enigmas – e aquela de um *sistema de signos* que transformam estes enigmas em textos. Mais que a noção de signo, é aquela de sistema que desempenha um papel decisivo na mutação do texto divinatório em texto escrito. É de fato a existência de um tal sistema que vai tornar possível a translação, senão a tradução, de certos elementos da língua que formam sistema entre si em um *medium* que lhes seria, como eu disse, radicalmente estranho.

O estabelecimento de uma medida espacial na imagem favoreceu a invenção da escrita de um outro ponto de vista. As tabuletas sumérias arcaicas do quarto milênio antes da nossa era nos mostram, com efeito, que a delimitação exterior do seu suporte intervém diretamente na definição de um documento considerado como "escrito" – por exemplo, o fato de a tabuleta ser redonda ou retangular. Constatamos, por outro lado, que esta "medida espacial" suscitou a instauração de uma compartimentação no interior do suporte que tinha por função regular a organização e a sucessão dos signos. Esta compartimentação está na origem da calibragem dos caracteres praticada no Egito e na China, e que, no caso dos hieróglifos, desempenhou um papel essencial por ter permitido dissociar visualmente representações de *realia* e signos de escrita e sinalizar, assim, o pertencimento de uma figura a um texto, e não mais a uma imagem. O ideograma é por isso muito diferente do signo saussuriano. Ele apresenta a particularidade de não poder ser isolado do espaço onde se inscreve: é um *signo que se interroga* – exatamente como se interrogam os intervalos de uma imagem. A sua especificidade – que se encontra nas três civilizações que o criaram, a Mesopotâmia, o Egito e a China – é de pôr à disposição do leitor (ao menos em princípio, pois a prática varia segundo as culturas) três valores verbais heterogêneos: o valor de *logograma,* de *fonograma* ou de *determinativo*. Cabe ao leitor escolher, a partir do contexto espacial e semântico onde se inscreve o ideograma, o valor que convém melhor à compreensão da mensagem.

O alfabeto grego introduziu na história da escrita uma ruptura fundamental. Efetivamente, a escrita foi transformada pela primeira vez em código, binário (vogal/consoante) e abstrato, ou seja, livre das relações materiais e funcionais do texto com seu suporte, que caracterizavam, até então, a escrita, seja qual fosse o seu princípio – ideográfico, consonantal ou silábico. Por outro lado – e como consequência –, este alfabeto não propõe à leitura imediata nem sentido verbal, como o ideograma, nem som vocal, como os silabários, mas uma *convenção fonológica,* independente da prática linguística: o fato de que a versão jônica do alfabeto possa ter sido imposta aos atenienses por decreto, em 403 antes da nossa era, é a prova disso. Esta convenção – a letra – deve ser combinada com uma segunda para conduzir a um som da língua – a sílaba –, a qual deve ser completada, por sua vez, por outras, para que o leitor possa ter acesso enfim a uma palavra, depois a uma frase que tivessem um sentido. Além disso, para esse leitor, trata-se apenas de *entender* essa palavra ou essa frase. A cada estado do seu processo, o ato visual da leitura não tem outra justificação, dentro do sistema alfabético grego, senão sua relação com o oral.

Vê-se bem que tal criação, que devia consagrar o triunfo da oralidade ao dar a ela todo o poder sobre a escrita, não podia deixar de levantar sérias dificuldades. Pois a materialidade do escrito, que se encontrava assim privada de toda função no interior do sistema, permaneceu não menos presente e ativa, mas necessária à sua existência, pois o próprio sistema não podia se manifestar de outra forma a não ser dentro dos *textos*, e que exigiam ser *lidos*.

Várias comunicações neste congresso serão dedicadas a este problema.[3] Gostaria de encerrar a minha reflexão sobre o papel do suporte visual na escrita analisando dois documentos que me parecem ilustrar de forma particularmente marcante o abalo provocado na civilização europeia do alfabeto pela aparição da imprensa, ou seja – para resumir esquematicamente –, quando a letra se destacou do gesto para se afirmar como uma unidade autônoma, um *objeto*, tornando assim possível, por um acaso cuja causa foi de ordem puramente técnica, o retorno do alfabeto às suas origens ideográficas.

Em 1526, Dürer realiza uma gravura representando Erasmo, cuja composição é bastante curiosa. Apesar de que, conforme uma tradição que remonta ao século precedente, conviria colocar ao lado do retrato propriamente dito uma janela aberta para uma paisagem, Dürer substituiu esta janela por uma grande moldura, semelhante a uma placa de mármore,

---

3 Referência à apresentação do texto no *Forum international d'inscriptions, de calligraphies et d'écritures dans le monde à travers les âges*, Biblioteca Alexandria, Alexandria, 24-27 abr. 2003.

que traz inscrições em latim e grego e que se impõe na imagem não como um elemento decorativo, mas como uma figura paralela e complementar àquela do sábio. Esta substituição, que poderia parecer provocadora, é na realidade uma descoberta que, no seu tempo e dentro do contexto que era o seu, é da ordem da evidência. O que um "fazedor de imagens" [*imagier*] busca primeiro encontrar em um documento visual, seja qual for, é o que funda, prioritariamente, a sua arte: esse suporte gráfico, essa *tela* da qual ele está encarregado de fazer surgir figuras reveladoras. Todos os pintores do Renascimento, em particular aqueles que viviam nos grandes centros da tipografia e do livro – Veneza, Nuremberg –, eram fascinados pela *página*, tal como a imprensa tinha possibilitado retomar o modelo dos gravadores da Antiguidade greco-latina, esta superfície plana cuja função não era a de restituir, de forma fictícia, a profundidade do real, mas de compor um texto que não seria mais dado apenas a decifrar ou a ler, mas, agora, a *contemplar*. Também este é o jogo visual, ao mesmo tempo comemorativo e sutil, a que Dürer convida o espectador da sua gravura, ao colocá-la sob o signo único da escrita, tomada segundo seus dois valores mais modernos: o do texto – simbolizado pelo próprio retrato de Erasmo e pelos documentos escritos que o circundam – e o do suporte deste texto, seja ele a placa de mármore pendurada no alto da imagem ou o livro, que, aberto no mesmo eixo e no primeiro plano, parece se propor como o seu reflexo.

Foi preciso esperar quase quatro séculos para que a descoberta dos pintores fizesse a sua entrada na literatura. O segundo exemplo com o qual escolhi concluir a minha apresentação é o *Coup de dés*, de Mallarmé. Composição de valor inaugural, ela também, pois dela vêm todas as pesquisas de poesia visual ou concreta surgidas no século XX, tanto na Europa quanto na América Latina ou no Japão. A poesia, fazendo-se *espacial*, se lança a uma empresa de "comunicação transgressiva" bastante similar àquela que tinha suscitado, há vários milhares de anos antes, a criação da imagem: a escrita tentava escapar à diversidade das línguas ao inventar uma outra, que poderia transcender todas ao existir somente *para os olhos*. Assim, o sistema alfabético, nascido de uma ruptura da escrita com o visível, acabava por se mostrar capaz de reencontrar este visível e de integrá-lo aos seus textos. Este "retorno aos ideogramas" aberto pelo *Coup de dés* passa pela dupla revelação que o alfabeto devia à imprensa: aquela do signo tornado objeto e aquela, sobretudo, do espaço da página, dos seus *brancos*: "os brancos assumem a importância, impõem-se em primeiro lugar", escrevera Mallarmé na apresentação do seu poema.

Não surpreende, portanto, que este texto se apresente como uma homenagem ao céu estrelado. Sem dúvida, este é um tema recorrente na obra de Mallarmé. Mas o poeta descobriu muito mais nas constelações, ou outra coisa, além de um tema: um novo modelo de escrita. "Ele levou a página à potência do céu estrelado", maravilhou-se Paul Valéry. Tratava-se de um passo preparado de forma madura, como testemunha esta declaração que Mallarmé tinha feito alguns anos antes: "Você observou, não se escreve, luminosamente, sobre campo escuro, o alfabeto dos astros, só, assim se indica, esboçado ou interrompido; o homem busca negro sobre branco".[4]

Tradução de Fabricio Vaz Nunes

---

[4] Desenvolvi esta análise no capítulo "De l'Image au texte, l'expérience du 'Coup de dés'", em *Poétique du blanc*, p. 165-184. Ver também "Espace et alphabet" em *L'Image écrite ou la déraison graphique*, p. 111-123.

Referências

DUBUFFET, Jean. *Bâtons rompus*. Paris: Minuit, 1986.

CHRISTIN, Anne-Marie. *L'Image écrite ou la déraison graphique*. Paris: Flammarion, 2001. (Champs).

CHRISTIN, Anne-Marie. *Poétique du blanc*: vide et intervalle dans la civilisation de l'alphabet. Paris: Vrin, 2000.

RYCKMANS, Pierre. Convention et expression dans l'esthétique chinoise. *Image et signification*. Documentation française, 1983.

Escrita e iconicidade

"No fundo, estampas"; é assim que Mallarmé define o *Coup de dés* em outubro de 1897, quando envia a Camille Mauclair as primeiras provas de seu poema.[1] A expressão nada tinha de fortuita: o poeta havia utilizado mais ou menos a mesma alguns meses antes, numa carta em que explicava a Gide a diferença que separava a versão desse texto publicada na *Cosmopolis* e a versão da qual Ambroise Vollard estava providenciado a edição:

> O poema se imprime, neste momento, tal como o concebi; quanto à paginação, onde está todo o efeito (...) pois, e está aí todo o ponto de vista (que precisei omitir num 'periódico'), o ritmo de uma frase a respeito de um ato ou mesmo de um objeto só tem sentido se os imita e, figurado sobre o papel, retomado pelas Letras na estampa original, deve resultar apesar de tudo em alguma coisa.[2]

Essa radicalização devia-se certamente, em grande parte, à iniciativa que nesse meio tempo fora tomada por Vollard de acompanhar o *Coup de dés* com gravuras de Odilon Redon. Daí em diante, o que estava em jogo não era mais apenas, para o poeta, inscrever o visível no interior de seu texto: era rivalizar

---

1 Carta a Camille Mauclair, 8 out. 1897. In: Mallarmé. *Œuvres complètes*, p. 818.
2 Carta a André Gide, 14 mai. 1897. In: Mallarmé. *Œuvres complètes*, p. 816.

com a própria "estampa original" e estabelecer entre os dois um consenso inédito. Esses escrúpulos escapavam a Vollard:

> (...) quanto às pranchas que Redon fará para meu livro, dissera-lhe Mallarmé, importa que haja um fundo desenhado: senão, se o desenho se apresenta sobre um fundo branco (...), isso constituirá um duplo emprego com o desenho de meu texto, que é preto e branco.
>
> Para mim, confia Vollard a Redon, relatando-lhe essa consideração, confessarei a você que não vejo aí tanta astúcia.[3]

Mas Redon naturalmente era sensível a uma preocupação desse gênero. Assim, o debate dos dois "fazedores de imagens" [*imagiers*] empenhados nessa edição – o do texto e o da estampa – não se deu sobre problemas de interpretação, mas sobre a escolha do suporte que seria o mais bem adaptado a seu objetivo comum. Disso dá testemunho uma carta do pintor datada de abril de 1898:

> Vollard mostrou-me papéis esplêndidos, escreve ele; acredito que, para a unidade, poderíamos tentar a impressão das litografias sobre papel branco; ou seja, sobre aquele do texto, embora postas em separado; proponho-me a desenhar leve e pálido, a fim de não contrariar o efeito dos caracteres, nem sua variedade nova.[4]

O projeto não chegou ao fim, como se sabe, já que Mallarmé morreu brutalmente em setembro de 1898. Anos mais tarde, porém, Paul Valéry ainda insistia na necessidade de atentar

---

[3] Carta de Ambroise Vollard a Odilon Redon, 5 jul. 1897, citada por Bertrand Marchal. In: Mallarmé. *Œuvres complètes*, p. 1.319.
[4] Carta de Odilon Redon, 20 abr. 1898. In: Mallarmé. *Œuvres complètes*, p. 1.320.

para a *matéria* do texto em qualquer edição do *Coup de dés* que se quisesse fiel a seu autor:

> O essencial nesse poema é a distribuição do texto na página. Ele consiste sobretudo na experiência profunda e singular de tornar inseparáveis o escrito e os brancos que o penetram, o circundam, segundo uma proporção ou pensamento oculto, desaparecido. Qualquer reprodução ou publicação que não comportasse o aspecto físico desejado pelo autor seria portanto sem valor e prejudicial.[5]

Por que a edição desse poema, realizada pela NRF – enfim – em 1914, só respeitou parcialmente uma exigência justificada ao mesmo tempo pelo desejo de Mallarmé e pelo daquele que era seu mais próximo discípulo? Sobretudo – e isso é ainda mais espantoso – por que a composição visual do *Coup de dés* encontrou tanta obstinada reticência? A análise do projeto mallarmeano feita por Barthes em *O grau zero da escrita* (1953) dá a essa cegueira uma dimensão que é vizinha da caricatura, mas nos permite também perceber seus motivos:

> A agrafia tipográfica de Mallarmé [escreve Barthes] quer criar em torno das palavras rarefeitas uma zona de vazio em que a fala, liberada de suas harmonias sociais e culpadas, não mais ressoa de modo feliz (...). Essa arte tem a estrutura do suicídio: o silêncio é aí um tempo poético homogêneo que empurra a palavra entre duas camadas e faz com que exploda, menos como o resto de um criptograma do que como uma luz, um vazio, um assassinato, uma liberdade.[6]

---

5 Carta conservada na Bibliothèque Littéraire J. Doucet. In: Abélès. Mallarmé et le livre illustré, p. 113.
6 Barthes. *Le degré zéro de l'écriture*, p. 66.

Se a importância reservada aos brancos na tipografia do *Coup de dés* pôde ser tomada como emblema do suposto suicídio do "mito burguês" da literatura no final do século XIX, isto se deve ao fato de que a revelação poética que Mallarmé daí esperava – uma forma de transcendência material, o chamariz do sentido emergindo do visível puro – só podia ser interpretada na cultura em que ele se inscrevia como uma recusa da fala e, assim, como um exílio no *in-significante*. "Só há sentido nomeado, e o mundo dos significados não é outra coisa que não o da linguagem" escreveria, aliás, Barthes dez anos mais tarde em seus *Elementos de semiologia* (1964), indo ao ponto de inverter a proposição inicial de Saussure ao afirmar: "a linguística não é uma parte, ainda que privilegiada, da ciência geral dos signos, é a semiologia que é uma parte da linguística".[7]

*

Contrariamente às aparências, esse terrorismo linguístico que condenava à inanidade os brancos do espaço mallarmeano – quando, na verdade, eles davam de novo vida e poder à literatura ao fazer com que ela participasse da substância das imagens – não tem sua origem na língua. Tem a ver, de início, com o sistema de escrita em que essa língua se moldara no século VIII de nossa era, essa marcenaria abstrata do alfabeto que rompia pela primeira vez os vínculos que uniam, desde sempre, no escrito, o verbo à imagem. Para fazer um breve resumo, pode-se dizer que o alfabeto, tal como os gregos o reinventaram a partir de seu modelo fenício, rompeu a aliança

---

[7] Barthes. *Le degré zéro de l'écriture*, seguido de *Éléments de sémiologie*, p. 80-81.

Escrita e iconicidade

de dois sistemas que funcionavam até então de modo complementar no interior do novo meio para cuja criação eles tinham contribuído conjuntamente: o da *leitura*, de um lado, herdado da análise espacial e figural das imagens, e o da *codificação gráfica*, de outro lado, que se apoiava numa noção mais recente, nascida da racionalização progressiva das práticas divinatórias: a noção de *signo*. A escrita, no sentido próprio do termo, surgiu quando o sistema dos signos, cuja função inicial era permitir decifrar mensagens que supostamente emanavam do além, mostrou-se compatível com as estruturas da linguagem, autorizando assim a transferência de um modo de comunicação para o outro. Mas a fórmula mista oriunda dessa mestiçagem permanecia indissociável do suporte que tornava possível sua leitura. É esse amálgama ambíguo, em que estavam implicados os dois eixos fundamentais da comunicação humana – a imagem e a linguagem –, que o alfabeto grego pôs em causa. Certamente, as sucessivas circunstâncias em que a civilização ocidental recorreu ao espaço físico do escrito ocidental – do que dão testemunho a invenção da página comentada na Idade Média, a evolução dos estilos gráficos no manuscrito e depois no impresso, a história da ortografia e, certamente, a da ilustração – não cessaram de confirmar que o suporte da imagem permanecera necessário à leitura dessa metamorfose última e desnaturada da escrita original. Mas esses recursos passavam doravante por secundários, ou mesmo inteiramente acessórios. Diferentemente da letra dos alfabetos semíticos, cujo dispositivo restrito, no entanto, se apoiava sempre na sintaxe espacial instaurada pelo ideograma, a unidade-letra do alfabeto grego, concebida como valor fonético mínimo – ela se limita à oposição vogal-consoante – parecia preencher sua função de maneira suficiente estampando sobre a página o esqueleto linear de um discurso. A hegemonia que a cultura cristã tinha reconhecido na fala reforçava ainda essa convicção: parecia inconcebível que operações puramente visuais pudessem ajudar a compreender um texto considerado sempre como "oral" mesmo que estivesse privado de voz.

A definição saussuriana do signo é proveniente desse alfabeto e da ilusão de transparência a que ele levou. Mas ela tem também como fundamento uma noção que se forjou na Grécia no momento em que a prática do alfabeto começava a aí se difundir, e que, subvertendo a ideia que até então se fazia das imagens, contribuiu para lhe enfraquecer ainda o crédito: a noção de "representação". A necessidade de *representar*, de imitar uma aparência, é fundamentalmente estranha ao universo da imagem, em primeiro lugar porque não se trata nunca, para um desenhista, um pintor ou um gravador, de *imitar*, mas de *transpor*, de desviar um motivo do espaço onde se encontra para o integrar a uma superfície mais ou menos plana delimitada por uma moldura, levando em conta, para esse fim, além das delimitações técnicas ligadas a uma determinada arte, os investimentos simbólicos de que esse motivo é portador. Mas essa incompatibilidade tem a ver também com algo mais profundo. Se a imagem pôde aliar-se à linguagem para levar à escrita, é porque a primeira era, como a segunda, um instrumento de comunicação social, mas que operava em outros planos. A linguagem garantia as trocas entre os homens, a imagem era seu intermediário junto aos deuses: ela propiciava uma *comunicação transgressiva* ao pôr em relação dois universos heterogêneos. Seu objeto não era representar, mas *revelar*.[8]

---

[8] Permito-me a esse respeito remeter a Christin. *L'Image écrite ou la déraison graphique*.

Escrita e iconicidade

Na alegoria da caverna que abre o livro VII da *República*, de Platão, a imagem tornou-se outra coisa bem diferente, um reflexo, a projeção fantomática de um real ilusório. Não é certamente um acaso se essa interpretação nova da imagem coincide com o surgimento de um sistema de escrita cujo grafismo supostamente apenas refletiria os "elementos" da língua. Todavia, não são os gregos, mas os romanos, que generalizaram a noção de representação a ponto de a fazer transbordar para o alfabeto e de introduzir assim a ideia segundo a qual esse alfabeto seria uma *representação da fala*. Platão, ao contrário, baseara a argumentação do *Timeu* na distinção que cabia fazer entre a abstração do elemento-letra e o mimetismo sonoro da sílaba. Mas uma civilização de oradores se revezara com a dos geômetras. Além do mais, ela procedeu de modo prudente e sutil. É conhecida a atenção que Quintiliano deu ao espaço do texto, a suas margens em particular, o que lhe permitiu substituir uma concepção da memória textual baseada no percurso de lugares imaginários, que figuras "impressionantes" ocupam, por um método que recorria apenas à lembrança visual do orador percorrendo mentalmente com o olhar as tabuinhas onde havia anotado seu discurso.[9] Constata-se, em paralelo, que a terminologia relativa ao signo de escrita em uso entre os latinos, se ela se apoia numa noção estritamente fonética da letra, é muito menos categórica quanto ao termo que a deve designar. Os dois vocábulos a que recorremos – *littera* para a letra propriamente dita e *nota* para as outras marcas gráficas (abreviação, pontuação ou acentuação) – só muito raramente são confundidos um com o outro, e não o são nunca com o *signum*. Este conserva o valor original do

---

9 Desenvolvi essa análise em *Poétique du blanc*: vide et intervalle dans la civilisation de l'alphabet.

sêma e do *sêmeion* grego, que não é de representação, mas de revelação, de prodígio, de signo celeste ou funerário, de selo inscrito num suporte. Essa distinção ainda está presente em Santo Agostinho, que opõe a *littera*, concebida por ele como unidade do oral, a um *signum* sempre impregnado de valor transcendente, ligado de maneira explícita à sua origem visual.

Foi ao se laicizar que o signo rompeu em definitivo com a imagem, mas também – o que não deixava de ser paradoxal, já que era de fato o mundo do invisível que ele deixava – com seu suporte físico. Toda a história da estética ocidental foi marcada por essa ruptura. A fórmula emblemática do *Ut pictura poesis* estigmatiza, sob uma simetria de fachada, o hiato profundo que tal ruptura acarretou entre as duas artes. Essa fórmula devia aí desempenhar, aliás, um papel bastante perverso. Escolhida inicialmente para prestar homenagem aos poderes de ilusão da pintura nascidos com a invenção da perspectiva, ela rapidamente se volta em proveito da literatura, instaurando, a partir daí, de uma a outra, uma hierarquia que ia mostrar-se suicidária quanto à arte pictórica. A uma literatura desencarnada devia corresponder necessariamente uma pintura libertada de sua matéria. Mas não devemos enganar-nos com isso: não era a poesia – nem mesmo a retórica – que a pintura devia tomar na realidade como modelo. A referência arquetípica dessa promoção espiritual da arte era a escrita alfabética. Para criar esse quadro ideal cuja superfície apagada seria como "uma janela aberta pela qual se pudesse olhar a história", não havia melhor meio, se acreditamos pelo menos em Alberti, que tomar emprestado seu método "aos que ensinam a escrever":

> Ensinam primeiro separadamente todos os caracteres dos elementos, ensinam em seguida a compor as sílabas, depois enfim as expressões. Que nossos iniciantes sigam então esse

método pintando. Que aprendam separadamente, de início, o contorno das superfícies – que se pode considerar os elementos da pintura –, depois as ligações das superfícies, enfim as formas de todos os membros (...).[10]

A pintura ocidental só muito tarde se libertou desse fascínio pelo alfabeto, que constituía para ela um entrave particularmente esterilizante. Foi somente no início do século XX, quando Paul Klee declara em 1921: "A arte não reproduz o visível, ela torna visível", que ela pode reivindicar de novo seu papel primitivo e fundador de revelação. Esse retorno às origens fazia-se, no entanto, num espírito que se modificara consideravelmente. Pois a pintura, por sua vez, também se laicizara. O além revelado pelas figuras que afloram à superfície dos quadros não tinha mais lugar determinável no invisível, nem referência sagrada: participava doravante direta e exclusivamente dessa superfície e de sua matéria.

*

O que torna a experiência do *Coup de dés* tão difícil de ser apreendida tem a ver com o fato, seguramente muito estranho, de que Mallarmé antecipou as consequências que tal revolução da pintura devia ter na literatura. Ele tentou realizar, numa civilização que permanecia dominada pelo alfabeto, essa mutação da imagem em escrita que só podia ser tornada compreensível por uma concepção da pintura tal como Klee a ia definir trinta anos mais tarde, e que só se efetuara a partir do modelo de um sistema de escrita e de pensamento profundamente diferente daquele do alfabeto, isto é, o do ideograma. Ora, ele ainda só

10 Alberti. *De la Peinture*, p. 115 e 217.

era conhecido por meio de abordagens eruditas e da nascente egiptologia.

As premissas de tal refundação da literatura eram perceptíveis desde há muito na obra de Mallarmé. A "constelação" de *Igitur*, deixada como que em suspenso por ele durante décadas, é a longínqua prefiguração temática do *Coup de dés*. Também em uma carta que o poeta dirige a Cazalis em 1866 encontra-se uma definição do Vazio – de que ele sublinha, com orgulho um pouco ingênuo, que aí chegou "sem conhecer o budismo" – que anuncia, por sua dualidade ao mesmo tempo material e espiritual, esse outro vazio, esse branco que ele ia descobrir nas estampas: "(...) quero dar-me esse espetáculo da matéria, tendo consciência dela, e todavia avançando arrebatadamente no Sonho que ela sabe não ser", escreve ele então.[11]

O encontro em 1873 do poeta com Manet, cujo ateliê ele frequentará quotidianamente durante dez anos, permitiu-lhe dar uma resposta a essas inquietações de juventude, revelando-lhe também uma característica da pintura que se julgava até então – e ele mesmo em primeiro lugar – que fosse privilégio do verbo: a poesia. "Poetizar por arte plástica [observa], meio de prestígios diretos, parece, sem intervenção, um fato do ambiente que desperta nas superfícies seu luminoso segredo".[12] Assim, o "espetáculo da matéria" encontrava um fim espiritual nas imagens, podia aí se tornar essa fonte de sentido e de magia reservada, em princípio, ao Verso. A literatura devia daí tirar lições para seu proveito, já que o ato do escritor "sempre se aplica ao papel". Essas lições eram de dois tipos: a necessidade, para o poeta, de renunciar à sua fala, fazendo-se

---

11 Carta a Henri Cazalis, 28 abr. 1866. In: Mallarmé. *Œuvres complètes*, p. 696.
12 Essa frase surge a propósito de Berthe Morisot, mas se sabe que sua obra era muito próxima à de Manet. Mallarmé. *Divagations*, p. 166.

Escrita e iconicidade

não mudo ou ausente, mas *anônimo*, e a de deixar trabalhar em seu lugar as palavras, associadas por ele na página como o branco o era ao negro ou ao verde, e as figuras aos objetos, na pintura de Manet:

A Obra pura implica o desaparecimento elocutório do poeta, que cede a iniciativa às palavras, pelo choque de sua desigualdade mobilizadas; elas se iluminam com reflexos recíprocos como um virtual rasto de fogos sobre pedrarias, substituindo a respiração perceptível no antigo sopro lírico ou a direção pessoal entusiasta da frase.[13]

Mallarmé devia essa fé numa escrita concebida como espetáculo também ao exemplo da cultura japonesa. Ele se unia a Manet ainda nesse ponto. O que se descobria dessa cultura no fim do século XIX de fato os marcou igualmente: estampas, cujas figuras pareciam só aparecer sobre o papel a fim de lhe prestar homenagem, realçando-o com linhas e cores, e onde podiam ser lidos – mais do que os víamos – uma passante, um ator, o triângulo branco do monte Fuji; uma escrita cujo sistema múltiplo se mostrava em encenações insólitas – em biombos, leques – em que ela se misturava às figuras sem nunca depender delas.

É o espetáculo dessa escrita que introduziu Mallarmé nas civilizações do ideograma e na mutação que a elas se devia da *matéria visível* em *verbo legível*, da adivinhação celeste em criação poética: "Você observou, não se escreve, luminosamente, sobre campo escuro, o alfabeto dos astros, só, assim se indica, esboçado ou interrompido; o homem busca negro sobre branco", observa ele.[14] A pluralidade da escrita japonesa

13 Mallarmé. Crise de vers. In: *Œuvres complètes*, p. 248-249.
14 Mallarmé. Crise de vers. In: *Œuvres complètes*, p. 254.

– ideogramas (*kanji*) silábicos com dois rostos (*hiragana* e *katana*), aos quais era preciso associar uma caligrafia que se propusesse menos como depósito de um texto que como a interpretação ritmada de um olhar – incentivou Mallarmé a conceber a letra alfabética de modo muito diferente do que o deviam fazer Saussure ou Peirce, aos olhos de quem "&, *e* e o som e formam todos uma única palavra".[15] Para Mallarmé, o alfabeto não se resumia à lista de uma vintena de signos abstratos: sua encarnação tipográfica havia feito com que ganhasse um semantismo visual e expressivo, tornando-o capaz de restituir essa *fala objetiva* de um poeta que se tornou "fazedor de imagem" da Obra pura. A Edmond Deman, com quem prepara a edição de suas *Poésies* – que só sairá depois de sua morte, em 1899 –, ele recomenda:

> O verso só é muito belo quando num caráter impessoal, ou seja, tipográfico (...). Encontrar um dos belos tipos romanos existentes e mandar gravar (digo romano, o verso aí me parecendo mais definitivo que no itálico, que se aproxima ainda da escrita).[16]

Mallarmé havia reservado o manuscrito para suportes em que a dimensão objetiva do texto podia deslocar-se do próprio texto para o objeto onde estava inscrito. Sobre o leque de Mademoiselle Mallarmé, o traço deixado pela escrita não remete a uma fala de autor, ele se transformou em caligrafia, como que encantado e metamorfoseado por seu distante modelo japonês: ao poeta Bashô não desagradava caligrafar seus haiku sobre as varetas de um leque, que ele próprio havia ornamentado. Mas esse distanciamento do valor autógrafo do manuscrito não correspondia apenas a uma escolha de

---

15 Peirce. *Écrits sur le signe*, p. 31.
16 A Edmond Deman, 7 abr. 1891. In: Mallarmé. *Œuvres complètes*, p. 804.

ordem estética: permitia também a Mallarmé transferir para o folheado do leque o caráter íntimo de seu texto, na suposição de ser uma confidência dirigida pelo leque à sua dedicatória, como se o poema deslizasse assim de uma mão para outra, da experiência da pena para a de um objeto solar submetido a acasos igualmente pessoais e caprichosos. Ou antes ainda, como se o texto nascesse naquele momento, e naquele lugar, onde era possível ele ser lido por aquela que dele dispunha. Assim, a leitura da primeira estrofe, na extremidade esquerda do leque, necessita que ele seja aberto para que se possa ter acesso ao último verso:

> Ô rêveuse, pour que je plonge
> Au pur délice sans chemin,
> Sache, par un subtil mensonge,
> Garder mon aile dans ta main.

> [Ó sonhadora, para que eu mergulhe
> Na pura delícia sem caminho,
> Sabe, por uma sutil mentira,
> Guardar minha asa em tua mão.]

No caso do último quarteto do poema, o verso que o conclui é o único que permanece ainda legível quando o leque está quase fechado de novo:

> Le sceptre des rivages roses
> Stagnants sur les soirs d'or, ce l'est,
> Ce blanc vol fermé que tu poses
> Contre le feu d'un bracelet.

> [O cetro das margens rosa
> Estagnantes nas noites de ouro, esse leste,

Esse branco voo fechado que tu pões
Contra o fogo de um bracelete.]

Um dos principais desafios do *Coup de dés* será transpor, no universo do livro, essa conversão do suporte textual em *indutor semântico* que Mallarmé havia tentado em seu poema--objeto de 1884 – cerca de quinze anos antes – como primeira aventura fora das fronteiras do alfabeto. O processo ia encontrar no objeto-livro uma coerência que não lhe era oferecida pelo leque, cuja estrutura irradiadora combinava melhor com uma escrita orientada verticalmente, como era a do chinês ou do japonês, e que era desprovida na cultura ocidental da riqueza simbólica que lhe reconhecia o Extremo Oriente. Coisa bem diferente ocorria com o livro, suporte mítico do escrito no Ocidente, de que aliás era produto. Era aqui que a transgressão das leis da oralidade pela imagem podia exercer-se e se expor com a maior eficácia, que a escrita podia realmente nascer de novo. Assim, o duplo espaço da página não participa do texto do *Coup de dés* apenas pela matéria de seu papel e pela extensão de suas margens, ele penetra no interior mesmo das frases, que ele investe com outro tanto de *palavras-silêncios*, de *brancos legíveis*, inconcebíveis em uma cultura alfabética: "(...) Tudo se torna suspenso, disposição fragmentária com alternância e *vis-à-vis*, concorrendo para o ritmo total, que seria o poema calado, nos brancos; somente traduzido, de uma maneira, por cada pendente".[17]

Essa inscrição plena do sentido nos intervalos deixados vagos pelo espaço do texto nada tinha do "suicídio" ou da "agrafia tipográfica" de que fala Barthes, ao contrário, ela explorava uma das leis fundadoras da escrita que fora eludida pelo alfabeto, a da *mestiçagem dos suportes*, em que o efeito de

---

17 Mallarmé. Crise de vers. In: *Œuvres complètes*, p. 248-249.

contaminação visual dos signos próprio da imagem se sobrepõe à sua função verbal secamente distintiva, de modo que uma mesma unidade gráfica pode assumir valores diferentes segundo o contexto a que se associa. Uma das consequências dessa lei era que um texto nunca se dava por inteiro antecipadamente a seu leitor, mas exigia ser reconstruído e completado por ele, senhor último do enigma dos "brancos". Ela tinha também uma outra consequência: o ideograma não podia ser definido em termos de "representação", mesmo sendo figurativo, o que era o caso dos hieróglifos. Compreende-se que uma sociedade que havia feito da representação a chave de seu pensamento da imagem e de seu sistema de escrita tenha tido as maiores dificuldades para o admitir. Assim, foi necessário ao Ocidente cerca de dois mil anos para que reconhecesse, graças a Champollion, que um hieróglifo representando uma lebre ou um pato significava certamente "lebre" ou "pato" enquanto "logograma", mas que podia igualmente ser utilizado como "fonograma" – ou seja, por seu valor fonético (como a palavra *seau* [balde] pode ser compreendida oralmente *sot* [tolo] ou *sceau* [selo] em francês) – ou ainda como "determinativo", isto é, como complemento semântico do fonograma que lhe era vizinho e cujo sentido ele esclarecia.[18]

*

Com frequência, foi assinalado que a pintura letrada chinesa nascera da caligrafia. O Japão extraiu uma lição

---

18 Sobre as diferentes civilizações em pauta, ver Christin (org.). *Histoire de l'écriture, de l'idéogramme au multimédia*, em especial os artigos de Pascal Vernus, Léon Vandermeersch, Pascal Griolet, Jacqueline Pigeto e Marianne Simon-Oikawa.

diferente da escrita: liberou de seu valor tanto realista quanto alegórico os objetos que dava a ver em suas imagens, inventando um *objeto-signo* cuja única justificação era da ordem de uma paginação muito próxima da elaboração textual. Foi essa lição que, por sua vez, Manet reteve. O exemplo japonês incitou-se a levar ao extremo as audácias dos grandes mestres da pintura clássica em que antes se inspirara, sobretudo Ticiano e Velázquez, para tentar criar uma arte nova, em que a representação seria submetida apenas às leis internas da imagem. Essa é a origem desses quadros cuja composição causou escândalo porque a pessoas associavam objetos sem relação de sentido entre eles – o *Déjeuner dans l'atelier*, o *Balcon*, o *Portrait de Théodore Duret*, completado pelo acréscimo de elementos incongruentes: um tamborete, uma almofada, um livro, um limão, colocados ali pela única condição de sua cor, como "fonogramas" pictóricos, "iconogramas", de algum modo. O *Portrait d'Émile Zola*, de 1868, que circunda o rosto do escritor com livros e imagens a tal ponto presentes que parecem absorvê-lo, é um *manifesto visual* que deve ser aproximado de um outro retrato de "homem da escrita" celebrado por um "homem de imagem", o retrato de Erasmo gravado por Dürer em 1526. Sua composição obedece ao mesmo princípio: num caso e noutro, a paisagem enquadrada por uma janela associada tradicionalmente, desde Memling, ao rosto do retrato é substituída por uma estrutura de formato idêntico, mas opaca e plana, destinada a celebrar não mais as proezas ilusionistas da perspectiva linear, mas o imaginário textual. Todavia, não foi a obra do escritor que os dois pintores puseram assim em destaque, mas a revolução artística de que ele era testemunha e que, se ela estava em relação evidente com o escrito e a literatura, dizia respeito, ao menos igualmente, segundo eles, à arte da imagem. Para Dürer, tratava-se da aparição da impressão, a propósito da qual ele lembrava que ela só havia substituído a gravura dos mármores antigos pela do espaço livresco. Para Manet, o acontecimento a celebrar era a introdução da arte japonesa no Ocidente. A presença de uma estampa representando um lutador de sumô devida a um artista japonês contemporâneo – Kuniaki II –, posta ao lado de uma gravura a partir de Velázquez e de uma reprodução da *Olympia*, assim como a assinatura do pintor, caligrafada em letras maiúsculas sobre a capa da brochura que Zola lhe consagrara, e que faz eco ao monograma de Dürer que este fingira gravar em sua placa de homenagem a Erasmo, fazem desse pequeno conjunto heterogêneo, visivelmente inspirado pela montagem de vistas de Tokaido por Hiroshige, a demonstração icônica de um retorno enfim possível, na sociedade do alfabeto, à origem dos signos.[19]

Tradução de Júlio Castañon Guimarães

Referências

ABÉLÈS, Luce. Mallarmé et le livre illustré. In: *Mallarmé 1842-1898*. Paris: Gallimard-RMN, 1998.
ALBERTI, Leon Battista. *De la Peinture*. Paris: Macula, 1992 [1435].
BARTHES, Roland. *Le degré zéro de l'écriture*, seguido de *Éléments de sémiologie*. Paris: Seuil, 1972. (col. "Points").

---

19 Desenvolvi essa análise da obra de Manet em "Pour une sémiotique visuelle: les leçons de l'idéogramme" (In: Christin. *L'image à la lettre*).

CHRISTIN, Anne-Marie. *L'Image écrite ou la déraison graphique*. Paris: Flammarion, 2001.

CHRISTIN, Anne-Marie. *Poétique du blanc, vide et intervalle dans la civilisation de l'alphabet*. Paris: Peeters-Vrin, 2000.

CHRISTIN, Anne-Marie (org.). *Histoire de l'écriture, de l'idéogramme au multimédia*. Paris: Flammarion, 2001.

CHRISTIN, Anne-Marie. Pour une sémiotique visuelle: les leçons de l'idéogramme. In: *L'image à la lettre*. Paris: Editions des Cendres, 2005.

MALLARMÉ, Stéphane. *Divagations*. Paris: Gallimard, 1976.

MALLARMÉ, Stéphane. *Œuvres complètes*. Paris: Gallimard, 1998 (Bibliothèque de la Pléiade).

PEIRCE, Charles S. *Écrits sur le signe*. Paris: Seuil, 1978.

Sobre a autora

Anne-Marie Christin (1942-2014) foi professora da Université Paris VII, onde criou o Centre d'étude de l'écriture et de l'image (CEEI). Editou, na década de 1970, a revista de criação visual *L'Immédiate*. Seus trabalhos desenvolveram-se no campo das relações entre texto e imagem, antropologia da escrita, semiologia da imagem e história da arte. Professora visitante nas universidades de Tóquio e Quioto, participou da criação da International Association of Word and Image Studies (IAWIS), tendo sido também membro da Academia Europeia e do conselho de administração do Centro de Caligrafia da Bibliotheca Alexandrina. Além de seus próprios trabalhos, esteve na origem de numerosas publicações coletivas, em geral provenientes de pesquisas e encontros no âmbito do CEEI.

Bibliografia sumária de Anne-Marie Christin

Le Jour à la trace: poèmes. Rodez: Subervie, 1970.
La Pierre et le miroir. Rodez: Subervie, 1972.
L'Image écrite ou la déraison graphique. Paris: Flammarion, 1995. Reedição: Paris: Flammarion, 2001 (col. Champs).

Vues de Kyôto. Lagarde-Fimarcon: Éditions Le Capucin, 1999.
Poétique du blanc: vide et intervalle dans la civilisation de l'alphabet. Leuven: Peeters; Paris: Vrin, 2000. Reedição: Paris: Vrin, 2009 (col. Essais d'art et de philosophie).
Histoire de l'écriture: de l'idéogramme au multimédia (org.). Paris: Flammarion, 2001. Reedição: Paris: Flammarion, 2012 (col. Histoire de l'art).
L'invention de la figure. Paris: Flammarion, 2011 (col. Champs Arts).
Paravents japonais: sous la brèche des nuages (org.). Paris: Citadelle & Mazenod, 2021.

A lista completa das publicações da autora pode ser encontrada na página do CEEI – Centre d'étude de l'écriture et de l'image: https://ceei.hypotheses.org/

Sobre os organizadores e tradutores

Júlio Castañon Guimarães possui graduação em letras pela Universidade Federal do Rio de Janeiro (1975), mestrado (1983) e doutorado (1993) em letras (letras vernáculas) pela mesma instituição. Em 2006-2007, fez estágio pós-doutoral no Centre d'étude de l'écriture et de l'image, Universidade Paris 7, com bolsa Capes, e no Instituto de Estudos Brasileiros da USP. É pesquisador aposentado da Fundação Casa de Rui Barbosa. Traduziu *As flores do mal*, de Baudelaire (Penguin-Companhia das Letras, 2019), além de outros autores, como Rimbaud, Mallarmé, Paul Valéry, Bataille, Barthes.

Márcia Arbex-Enrico é doutora em literatura francesa pela Université Sorbonne Nouvelle – Paris 3 e professora titular da Universidade Federal de Minas Gerais, onde atua no Programa de Pós-Graduação em Letras (Pós-Lit), com pesquisas nas linhas "literatura, artes e mídias", "poéticas da modernidade" e "poéticas da tradução". Pesquisadora pelo CNPq, publicou diversos artigos e coorganizou coletâneas: *Escrita, som, imagem* (vol. 1 e 2, 2019 e 2020); *Interartes* (2010) e *Poéticas do visível: ensaios sobre a escrita e a imagem* (2006). É autora de *Sobrevivências da imagem na escrita: Michel Butor e as artes* (2020), *Alain Robbe-Grillet e a pintura: jogos especulares* (2013),

Espaços de criação: do ateliê do pintor à mesa do escritor (2015). Traduziu, com Vera Casa Nova, obras de G. Didi-Huberman, pela Editora UFMG. É membro dos grupos de pesquisa CRIalt – Centre de recherches intermédiales sur les arts, les lettres et les techniques, Université de Montréal; CEEI – Centre d'étude de l'écriture et de l'image, Université Paris Diderot; Intermídia, UFMG/CNPQ.

Fabricio Vaz Nunes é bacharel em gravura pela Escola de Música e Belas Artes do Paraná (1999), mestre em história da arte e da cultura pela Universidade Estadual de Campinas (2004) e doutor em estudos literários pela Universidade Federal do Paraná (2015). Realizou estágio pós-doutoral na Faculdade de Letras da Universidade Federal de Minas Gerais (2017-2018). É professor adjunto da Universidade Estadual do Paraná/Escola de Música e Belas Artes do Paraná – UNESPAR/ EMBAP. Tem experiência na área de artes, com ênfase em história da arte, atuando principalmente nos seguintes temas: artes visuais e literatura, ilustração de livros, arte contemporânea, arte paranaense, Poty Lazzarotto (1924-1998) e artistas plásticos do Paraná.

Maria Suely Lage Alves de Brito é graduada em letras com licenciatura português-francês e bacharelado em francês pela UFMG, no âmbito do Programa de Iniciação Científica da UFMG.

Nota sobre a proveniência dos textos

Capítulo 1: *A imagem informada pela escrita*. Traduzido do original em francês: CHRISTIN, Anne-Marie. L'Image informée par l'écriture. *TEXTE: Revue de critique et de théorie littéraire*, Toronto, Canada: Trinity College, n. 21-22 [Iconicité et narrativité], p. 71-96, 1997. Publicado em ARBEX, Márcia. *Poéticas do visível*: ensaios sobre a escrita e a imagem. Belo Horizonte: Programa de Pós-graduação em Estudos Literários/ Faculdade de Letras da UFMG, 2006. Edição revisada.

Capítulo 2: *O signo em questão*. Traduzido do original em francês: CHRISTIN, Anne-Marie. Le signe en question. Revue *Degrés*, n. 100, hiver 1999. Inédito em português.

Capítulo 3: *A escrita segundo Magritte*. Traduzido do original em francês: CHRISTIN, Anne-Marie. L'écriture selon Magritte. Éd par. Jean-Patrick Duchesne, Pascal Durand, et Rudy Steinmetz. *Art & fact*, n. 18 – Mélanges Philippe Minguet. Université de Liège, p. 96-100. Inédito em português.

Capítulo 4: *Da imagem à escrita*. Texto apresentado pela autora em 2000, na Casa Rui Barbosa. Publicado em SUSSEKIND, Flora; DIAS, Tania. *A historiografia literária e as técnicas de escrita*, Viera e Lent/ Casa Rui Barbosa, 2004 (este texto não é o mesmo de « De l'image à l'écriture » publicado em *Histoire de l'écriture*. O texto "Da imagem à escrita" não foi publicado em francês tal como Anne-Marie Christin o apresentou em 2000).

Capítulo 5: *A imagem e a letra*. Traduzido do original em francês: CHRISTIN, Anne-Marie. L'image et la lettre. *Poétique du blanc*: vide et intervalle dans la civilisation de l'alphabet. Leuven: Peeters; Paris: Vrin, 2000. Publicado em *Revista Escritos*, Rio de Janeiro: Casa Rui Barbosa, ano 2, n. 2, 2008.

Capítulo 6: *Pensamento escrito e comunicação visual*. Traduzido do original em francês: CHRISTIN, Anne-Marie. Pensée écrite et communication visuelle. Actes du *Forum international d'inscriptions, de calligraphies et d'écritures dans le monde à travers les âges*, 24-27 Avril 2003. Inédito em português.

Capítulo 7: *Escrita e iconicidade*. Traduzido do original em francês: CHRISTIN, Anne-Marie. Écriture et iconicité. *Europe*, vol. 85 – Littérature et peinture, n. 933-934, p. 196-207. Inédito em português.

1ª EDIÇÃO [2023]
Esta obra foi composta em Chronicle Text e Akkurat Pro e impressa sobre papel Pólen Soft 80 g/m² para a Relicário Edições.